満点ゲットシリーズ

こちら葛飾区亀有公園前派出所 両さんの

国のしくみ大達人

憲法から地方自治まで

キャラクター原作／秋本
こち亀漫画／池田
監修／南
小学校教員

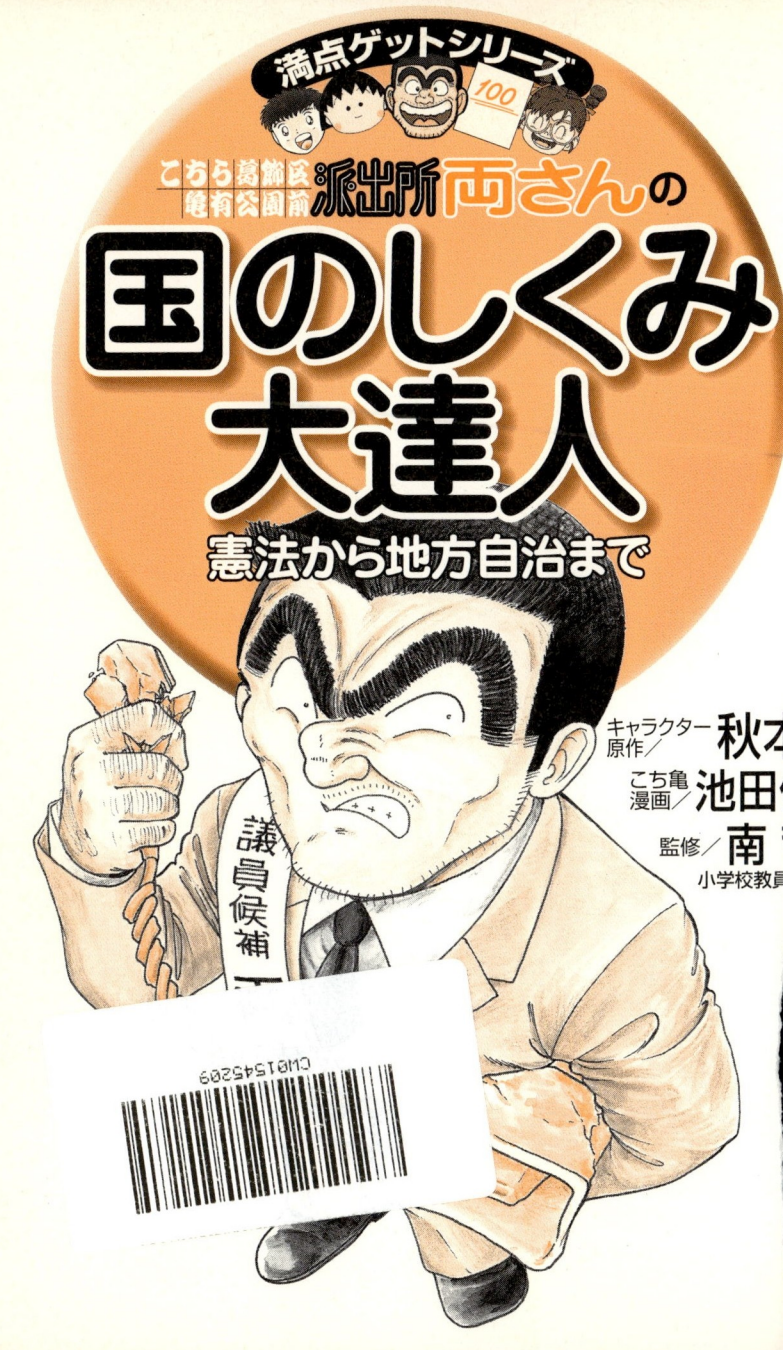

もくじ

読者《どくしゃ》のみなさんへ

　みなさん、楽《たの》しく学校生活《がっこうせいかつ》を過《す》ごしていますか？　学校《がっこう》が大好《だいす》きな人《ひと》もいるでしょうし、いやだなって思《おも》ってる人《ひと》もいるでしょうね。ところで、なぜみなさんは学校《がっこう》に通《かよ》うのでしょう。どうして土曜《どよう》、日曜《にちよう》、祝日《しゅくじつ》はお休《やす》みなの？　どうして国語《こくご》や算数《さんすう》などの教科《きょうか》があるの？　なぜ教科書《きょうかしょ》は無料《むりょう》なの？

　これらはすべて「法律《ほうりつ》」で決《き》められているのです（条例《じょうれい》も含《ふく》む）。法律《ほうりつ》は国民《こくみん》の代表《だいひょう》である「国会議員《こっかいぎいん》」が「国会《こっかい》」で決《き》めます。法律《ほうりつ》は「憲法《けんぽう》」に基《もと》づいて作《つく》られます。法律《ほうりつ》に基《もと》づいて「政治《せいじ》」が行《おこな》われますが、その政治《せいじ》を進《すす》める中心《ちゅうしん》が「内閣《ないかく》」です。都道府県《とどうふけん》や市町村《しちょうそん》に分《わ》けて政治《せいじ》を行《おこな》うことを「地方自治《ちほうじち》」といいます。政治《せいじ》が法律《ほうりつ》に基《もと》づいて進《すす》められているか、国民《こくみん》が法律違反《ほうりついはん》をしていないか、などを判断《はんだん》する「裁判所《さいばんしょ》」もあります。

　憲法《けんぽう》、法律《ほうりつ》、政治《せいじ》、国会《こっかい》、裁判所《さいばんしょ》、地方自治《ちほうじち》、なんとなくむずかしそうなことばです。でも、学校《がっこう》のことだけでなく、みなさんの生活《せいかつ》すべては、これらのはたらきと深《ふか》く結《むす》びついているのです。もちろんおうちの人《ひと》たちの生活《せいかつ》も仕事《しごと》もそうです。

　一見《いっけん》むずかしそうですが、両《りょう》さんがわかりやすく楽《たの》しく教《おし》えてくれます。これを読《よ》み終《お》える頃《ころ》には、いつの間《ま》にかあなたは『政治博士《せいじはかせ》』になっているかも……。

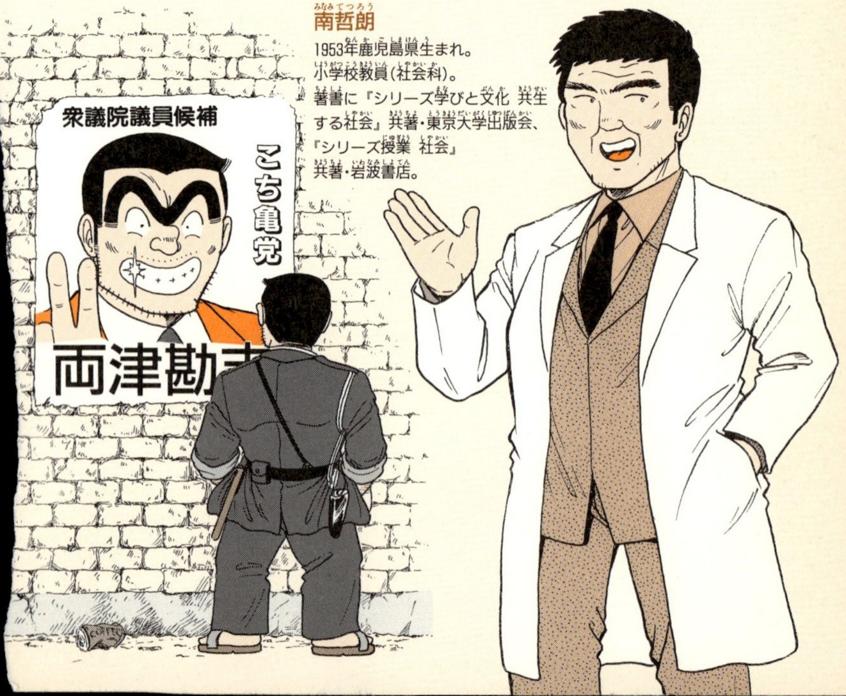

南哲朗《みなみてつろう》
1953年《ねん》鹿《か》児《ご》島《しま》県《けん》生《う》まれ。
小学校教員《しょうがっこうきょういん》（社会科《しゃかいか》）。
著書《ちょしょ》に『シリーズ学《まな》びと文化《ぶんか》　共生《きょうせい》する社会《しゃかい》』共著《きょうちょ》・東京大学出版会《とうきょうだいがくしゅっぱんかい》、『シリーズ授業《じゅぎょう》　社会《しゃかい》』共著《きょうちょ》・岩波書店《いわなみしょてん》。

～序章《じょしょう》～
両《りょう》さんの国《くに》ができた!?の巻《まき》
うおぉーっ
有公園前
どうしたんです？先輩《せんぱい》
金《かね》がない！今月《こんげつ》も貧乏生活《びんぼうせいかつ》だ!!

この本《ほん》の漫画《まんが》はすべてフィクションで、個人名《こじんめい》・団体名《だんたいめい》は架空《かくう》のものです。

給料《きゅうりょう》もらったばかりじゃないですか
しょーがねぇだろ貧乏《びんぼう》なんだから
ムダ遣《づか》いするからよ!!
ちがう!!給料《きゅうりょう》が安《やす》すぎるんだ!!
ただでさえ安《やす》いとこに税金《ぜいきん》だとか年金《ねんきん》だとか医療保険《いりょうほけん》だとかぶん取《ど》りやがって!!
給料明細書のウラ
これがなければずっと楽《らく》だ
でも将来《しょうらい》必要《ひつよう》なものですよ
そんな先《さき》の心配《しんぱい》よりわしは今現在《いまげんざい》困《こま》ってるんだ

両津勘吉《りょうつかんきち》 亀有公園前派出所勤務《かめありこうえんまえはしゅつじょきんむ》の警察官《けいさつかん》。何《なに》にでも興味《きょうみ》を持《も》つトラブルメーカー。通称《つうしょう》、両《りょう》さん。

税金《ぜいきん》 国《くに》や地方《ちほう》の政治《せいじ》の資金《しきん》として、国民《こくみん》が納《おさ》めるお金《かね》。

社会保障制度《しゃかいほしょうせいど》 病気《びょうき》をしたり、歳《とし》を取《と》ったり、失業《しつぎょう》したりで、働《はたら》けなくなった人《ひと》を国《くに》が救《すく》うためのしくみ。
①社会保険《しゃかいほけん》(医療保険《いりょうほけん》、雇用保険《こようほけん》、年金保険《ねんきんほけん》など)
②公的扶助《こうてきふじょ》 ③社会福祉《しゃかいふくし》 ④公衆衛生《こうしゅうえいせい》
などがある。
保険《ほけん》や年金《ねんきん》の費用《ひよう》は、国民《こくみん》(個人《こじん》・企業《きぎょう》)と国《くに》とで負担《ふたん》している。

こうなったらギャンブルで稼《かせ》ぐしかない!!
それがいけないのよ
他《ほか》に方法《ほうほう》がないんだ!!
ええとこのレースは本命《ほんめい》が……
もう……
6番《ばん》から流《なが》して……
待《ま》てよ8番《ばん》も捨《す》てがたい
亀有《かめあり》のみなさま次《つぎ》の参議院議員《さんぎいんぎいん》選挙《せんきょ》には地元《じもと》のため地元《じもと》の力《ちから》になる
手がたく6が……
日本《にほん》の将来《しょうらい》を考《かんが》え ともに歩《あゆ》みましょう ぜひ一票《いっぴょう》を
イラ
イラ
イラ
清《きよ》い政治《せいじ》を行《おこな》い安心《あんしん》して住《す》める社会《しゃかい》を作《つく》ります
イラ
わけには……
うう…
イラ
参議院議員
斎藤ま
公園前派出所
うるせーぞ

こっちは考《かんが》えごとしてんだ!!
ダメですよ
ったく選挙《せんきょ》なんてめんどくさいわしは行《い》かないぞ!!
そうはいきませんよ

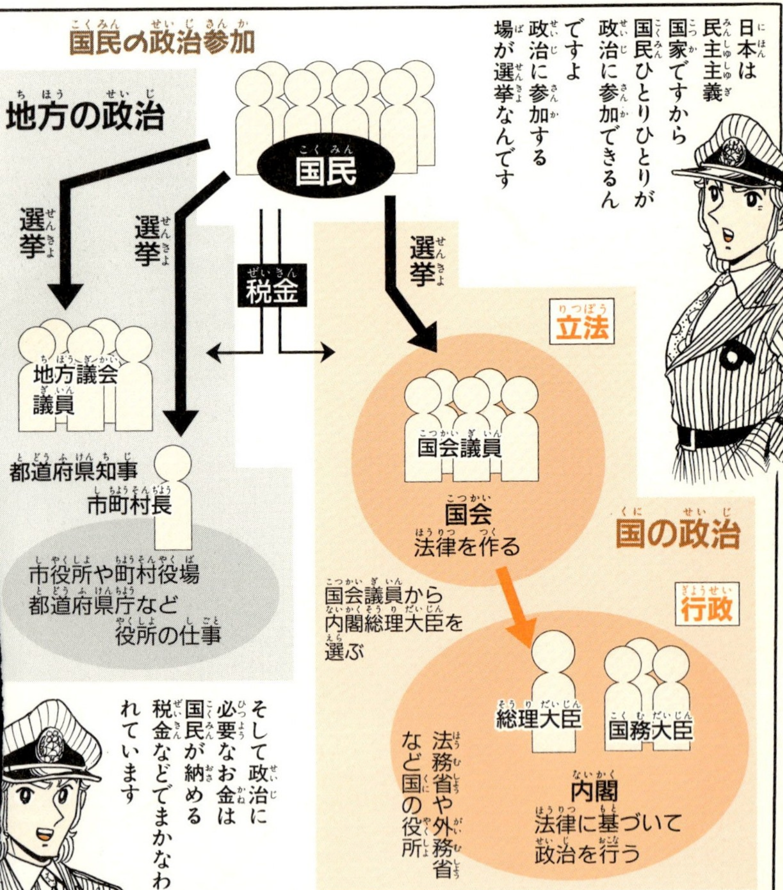

日本《にほん》は民主主義《みんしゅしゅぎ》国家《こっか》ですから国民《こくみん》ひとりひとりが政治《せいじ》に参加《さんか》できるんですよ
政治《せいじ》に参加《さんか》する場《ば》が選挙《せんきょ》なんです
国民《こくみん》の政治参加《せいじさんか》
地方《ちほう》の政治《せいじ》
国民《こくみん》
選挙《せんきょ》
選挙《せんきょ》
税金《ぜいきん》
選挙《せんきょ》
立法《りっぽう》
地方議会《ちほうぎかい》
議員《ぎいん》
国会議員《こっかいぎいん》
都道府県知事《とどうふけんちじ》
市町村長《しちょうそんちょう》
国会《こっかい》
法律《ほうりつ》を作《つく》る
国《くに》の政治《せいじ》
市役所《しやくしょ》や町村役場《ちょうそんやくば》
都道府県庁《とどうふけんちょう》など
役所《やくしょ》の仕事《しごと》
国会議員《こっかいぎいん》から内閣総理大臣《ないかくそうりだいじん》を選《えら》ぶ
行政《ぎょうせい》
総理大臣《そうりだいじん》
国務大臣《こくむだいじん》
内閣《ないかく》
法律《ほうりつ》に基《もと》づいて政治《せいじ》を行《おこな》う
法務省《ほうむしょう》や外務省《がいむしょう》など国《くに》の役所《やくしょ》
そして政治《せいじ》に必要《ひつよう》なお金《かね》は国民《こくみん》が納《おさ》める税金《ぜいきん》などでまかなわれています

満点ゲットシリーズ

こちら葛飾区亀有公園前派出所 両さんの国のしくみ大達人

2004年9月29日 第1刷発行

●キャラクター原作／秋本 治
●監修／南哲朗
●こち亀まんが／池田俊一
●編集協力／フロッシュ（樋口智佳子）
●カバー・イラスト／伊藤秀明（銀英社）
●表紙イラスト／池田俊一
●本文カット／池田俊一、堀井徹、黒木督之、竹村洋
●カバー・デザイン／ZOO（曽根陽子）
●本文デザイン／矢後雅代
●写植／昭和ブライト写植部
●協力／参議院広報課（写真提供）・内閣官房内閣広報室・東京消防庁神田消防署・警視庁

発行人　谷山尚義
発行所　株式会社 集英社
〒101-8050 東京都千代田区一ツ橋2丁目5番10号
電話 東京 03-3230-6024（編集）
03-3230-6393（販売）
03-3230-6080（制作）

印刷製本所 大日本印刷株式会社

ISBN4-08-314025-9 C8330

店頭《てんとう》にない場合《ばあい》は、その書店《しょてん》にお申《もう》し込《こ》みください。

勉強《べんきょう》と遊《あそ》びの達人《たつじん》
わしが教《おし》えるゾ

こちら葛飾区《かつしかく》亀有公園前派出所《かめありこうえんまえはしゅつじょ》両《りょう》さんの

人体大探検《じんたいだいたんけん》

地図大達人《ちずだいたつじん》

天体大達人《てんたいだいたつじん》

昆虫大達人《こんちゅうだいたつじん》

国《くに》のしくみ大達人《だいたつじん》

日本史大達人《にほんしだいたつじん》③

江戸時代後期《えどじだいこうき》〜現代《げんだい》

日本史大達人《にほんしだいたつじん》②

鎌倉《かまくら》〜江戸時代前期《えどじだいぜんき》

日本史大達人《にほんしだいたつじん》①

縄文《じょうもん》〜平安時代《へいあんじだい》

カードブック型《がた》 制覇《せいは》シリーズ

こちら葛飾区《かつしかく》亀有公園前派出所《かめありこうえんまえはしゅつじょ》両《りょう》さんの
はたらく車《くるま》

新《あたら》しいスタイルの
カード式図鑑《しきずかん》

満点人物伝《まんてんじんぶつでん》シリーズ

以下、野口英世、樋口一葉、源義経、聖徳太子、キュリー夫人、アンネ・フランク 発売予定。

ちびまる子《こ》ちゃんの

ナイチンゲール

ヘレン・ケラー

こちら葛飾区《かつしかく》亀有公園前派出所《かめありこうえんまえはしゅつじょ》両《りょう》さんの

宮本武蔵《みやもとむさし》

幼児向《ようじむ》け ドクタースランプ なぞりがきえほん シリーズ

みぞをなぞれば「文字《もじ》」と「数字《すうじ》」になる! 遊《あそ》びながら「文字《もじ》」と「数字《すうじ》」が学《まな》べる!

⑤かず

三《さん》・四《よん》・五歳向《ごさいむ》き

④ABC《エービーシー》

四《よん》〜九歳向《きゅうさいむ》き

③ことば

四《よん》・五《ご》・六歳向《ろくさいむ》き

②カタカナ

四《よん》・五《ご》・六歳向《ろくさいむ》き

①あいうえお

四《よん》・五《ご》・六歳向《ろくさいむ》き

ホームページ「満点図書館《まんてんとしょかん》」も見《み》てね! アドレスは http://kids.shueisha.co.jp/manten/

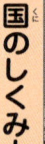

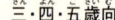

司法《しほう》
国会《こっかい》で作《つく》られた法律《ほうりつ》がきちんと守《まも》られているか見守《みまも》るのが裁判所《さいばんしょ》です
この立法《りっぽう》・行政《ぎょうせい》・司法《しほう》が日本《にほん》の国《くに》の骨組《ほねぐ》みなんです

国民《こくみん》は政治《せいじ》をよく見《み》て選挙《せんきょ》によって政治《せいじ》に参加《さんか》する義務《ぎむ》があるわけです
税金《ぜいきん》を納《おさ》めるのも国民《こくみん》の義務《ぎむ》だからしかたないわね

そんなもん誰《だれ》が決《き》めた?
憲法《けんぽう》よ

国《くに》のもととなるきまりが憲法《けんぽう》です
憲法《けんぽう》を見《み》ればその国《くに》のあり方《かた》がわかるんですよ
日本《にほん》の憲法《けんぽう》は日本国憲法《にほんこくけんぽう》です

日本国憲法《にほんこくけんぽう》

1946年《ねん》に公布《こうふ》された日本《にほん》の憲法《けんぽう》。
前文《ぜんぶん》と第《だい》1章《しょう》から第《だい》11章《しょう》まであり、国《くに》の基本的《きほんてき》な考《かんが》え方《かた》などが示《しめ》されています。
日本国憲法《にほんこくけんぽう》の核《かく》をなす考《かんが》え方《かた》は次《つぎ》の3つです。

◆**国民主権《こくみんしゆけん》**
国《くに》の政治《せいじ》をどうするか決《き》めるのは国民《こくみん》。

◆**基本的人権《きほんてきじんけん》の尊重《そんちよう》**
人間《にんげん》が生《う》まれながらに持《も》っている権利《けんり》を尊重《そんちよう》する。

◆**平和主義《へいわしゆぎ》**
世界《せかい》の平和《へいわ》を求《もと》め、戦争《せんそう》はせず、武力《ぶりよく》も持《も》たない。

中《なか》川《がわ》圭《けい》一《いち》

亀有《かめあり》公園《こうえん》前《まえ》派出所《はしゅつじょ》勤務《きんむ》の警察官《けいさつかん》。大金持《おおがねも》ちの息子《むすこ》。両《りょう》さんの起《お》こす騒動《そうどう》によく巻《ま》きこまれる。

基本的《きほんてき》人権《じんけん》は大切《たいせつ》ですね
平等権《びょうどうけん》 人《ひと》は誰《だれ》でも平等《びょうどう》である
自由権《じゆうけん》 人《ひと》は誰《だれ》でも自由《じゆう》である
社会権《しゃかいけん》 健康《けんこう》で人間《にんげん》らしい生活《せいかつ》をする権利《けんり》がある
参政権《さんせいけん》 政治《せいじ》に参加《さんか》する権利《けんり》がある
請求権《せいきゅうけん》 裁判《さいばん》などを求《もと》める権利《けんり》がある
つまりわしは何《なに》をしよーと自由《じゆう》なわけだ!
いいな憲法《けんぽう》って!!
自由《じゆう》にも限度《げんど》がありますよ 他人《たにん》の自由《じゆう》や権利《けんり》をおびやかしたり社会《しゃかい》のルールや法律《ほうりつ》をやぶることはできません
とにかくわしにはパチンコをする権利《けんり》がある!
行《い》ってくるぞ!!
労働《ろうどう》の義務《ぎむ》もあるわよ
まずは義務《ぎむ》をはたさないと
納税《のうぜい》の義務《ぎむ》が納得《なっとく》できんのだ!!
わしは貧乏《びんぼう》なんだぞ貧乏人《びんぼうにん》から税金《ぜいきん》取《と》るな!
ムダ遣《づか》いするからだってば

でも先輩《せんぱい》は自分《じぶん》からずいぶん税金《ぜいきん》を払《はら》ってますよ
?
そうね
間接税《かんせつぜい》よ
間接税《かんせつぜい》とは?
税金《ぜいきん》を負担《ふたん》する人《ひと》と納《おさ》める人《ひと》がちがう税金《ぜいきん》のこと。消費税《しょうひぜい》やたばこ税《ぜい》、酒税《しゅぜい》など。
〈消費税《しょうひぜい》のしくみ〉
代金《だいきん》＋消費税《しょうひぜい》
バーゲン
店長
買《か》い物《もの》をすると消費税《しょうひぜい》を取《と》られる
税金
消費税《しょうひぜい》
国
お店《みせ》の人《ひと》が消費税分《しょうひぜいぶん》のお金《かね》を納《おさ》める
わしの金《かね》で役所《やくしょ》は道路《どうろ》を造《つく》ったり学校《がっこう》を建《た》てたり老人《ろうじん》ホームを作《つく》ったり……
ムダ遣《づか》いしおって
ムダじゃないわよ！必要《ひつよう》なものよ!!
先輩《せんぱい》のくらしだってそれでずいぶん便利《べんり》になってるでしょう
でもよくない政治家《せいじか》に税金《ぜいきん》で給料《きゅうりょう》を払《はら》うことはない
だからそんな政治家《せいじか》が選《えら》ばれないよう選挙《せんきょ》に行《い》かなきゃ
…そうか…
もうわかってないんだから…

それにしても納得《なっとく》いかん!! たくさん税金《ぜいきん》を払《はら》っているのに給料《きゅうりょう》が安《やす》いとは!!
だったらお酒《さけ》やタバコやめれば!!
うるさいわしは納得《なっとく》できん!!
翌日《よくじつ》
両津《りょうつ》はどこへ行《い》った?
それが…
両津《りょうつ》何《なに》やってる!? 公園《こうえん》にこんなもん作《つく》って!!

秋本麗子《あきもとれいこ》

亀有公園前派出所勤務《かめありこうえんまえはしゅつじょきんむ》の警察官《けいさつかん》。神戸《こうべ》の大貿易商《だいぼうえきしょう》のお嬢《じょう》さま。美人《びじん》だが気《き》が強《つよ》い。

わしは日本人《にほんじん》をやめた
独立《どくりつ》する!!
ここは両津国《りょうつこく》だ!!
バカなことしてないで仕事《しごと》をしろ仕事《しごと》!!
でぇいっ!!
ビュッ
その線《せん》より両津国《りょうつこく》です!
不法入国者《ふほうにゅうこくしゃ》は強制退去《きょうせいたいきょ》させます!
いたた
ここからは日本《にほん》ではありません
だから日本《にほん》の法律《ほうりつ》は通用《つうよう》しません
勝手《かって》に独立《どくりつ》などできるか!!
両津国《りょうつこく》バンザイ
かまわんほっとこう

ふわ〜〜っ
そーいや 腹《はら》が減《へ》った なァ
きゅるる〜…
両津《りょうつ》国首相《こくしゅしょう》が 食料輸入《しょくりょうゆにゅう》の 交渉《こうしょう》に 来《き》たぞ
派出所《はしゅつじょ》では 貿易《ぼうえき》は あつかわん
ずるずる
断《ことわ》るん ですか? これは 国際問題《こくさいもんだい》 ですぞ!!
何《なに》が国際問題《こくさいもんだい》だ!! 公園《こうえん》に線《せん》を 引《ひ》いただけだろ!! そんなものは 国《くに》とは言《い》わん!!
今《いま》に国連《こくれん》にも 加盟《かめい》して 国際貢献《こくさいこうけん》 だって 考《かんが》えて ますよ!!
ガタガタ ガガガ…
なんだ?

大原部長《おおはらぶちょう》

葛飾署《かつしかしょ》の部長《ぶちょう》で亀有公園前派出所《かめありこうえんまえはしゅつじょ》の班長《はんちょう》。よく騒動《そうどう》を起《お》こす両《りょう》さんに頭《あたま》をいためている。

まったく公園《こうえん》をちらかしやがって!!
どうした両津国《りょうつこく》がなくなってしまったな
……………
部長《ぶちょう》肩《かた》こってますねぇ
よいしょ
たしか国際貢献《こくさいこうけん》も考《かんが》えてるんだったな
よいしょ
今《いま》世界《せかい》では※地雷《じらい》の被害《ひがい》が多《おお》いそうだ撤去《てっきょ》に行《い》ってもらおうか…
地雷《じらい》って…北極《ほっきょく》にあるわけないじゃないか…部長《ぶちょう》〜〜〜

※戦争《せんそう》で地中《ちちゅう》に埋《う》められた爆弾《ばくだん》。その上《うえ》を通《とお》ると爆発《ばくはつ》する。戦争《せんそう》が終《お》わったあとも放置《ほうち》され、民間人《みんかんじん》にも多《おお》くの被害《ひがい》を出《だ》している。

まいった！
国《くに》の
しくみって
むずかしいな
そんなことは
ないよ！
私《わたし》たちが
住《す》んでいる社会《しゃかい》の
ことだからね
身近《みぢか》なことも
多《おお》いんだよ
南先生《みなみせんせい》!!
みんなの
身《み》の回《まわ》りの
学校《がっこう》や公園《こうえん》や
道路《どうろ》や鉄道《てつどう》は
社会《しゃかい》の一部《いちぶ》だ
そして
社会《しゃかい》や政治《せいじ》の
しくみを
知《し》ることによって
どうすれば
住《す》みやすい社会《しゃかい》に
できるか
わかるんだ
みんなの
住《す》んでいる
日本《にほん》
国《くに》がどういう
しくみなのか
知《し》るのは
大切《たいせつ》だね
決《けっ》して
私《わたし》たちと
関係《かんけい》ないこと
じゃないわね
よし
国《くに》のしくみを
マスターして
やるか!!

憲法《けんぽう》

日本国民は、正当に選挙された国会に
おける代表者を通じて行動し、われら
とわれらの子孫のために、諸国民との
協和による成果と、わが国全土にわた
つて自由のもたらす恵沢を確保し、政
府の行為によつて再び戦争の惨禍が起
ることのないやうにすることを決意し、
ここに主権が国民に存することを宣言
し、この憲法を確定する。

国《くに》のしくみの いちばん 基礎《きそ》になるもの それが 憲法《けんぽう》だ
拳法《けんぽう》!?
憲法《けんぽう》 ですよ!!
あちょ～～っ
財政《ざいせい》
憲法《けんぽう》には 国家《こっか》の理念《りねん》 つまりどんな 国《くに》にしていこうか という考《かんが》えが あらわれているの
国民主権《こくみんしゅけん》
憲法《けんぽう》に示《しめ》されていること
どういう政治《せいじ》をするのか
民主主義
国民《こくみん》の権利《けんり》について
JPN
権利
国民《こくみん》の義務《ぎむ》
義務
宿題って!
現在《げんざい》の日本《にほん》には 日本国憲法《にほんこくけんぽう》がある これは 1946年《ねん》に 公布《こうふ》された ものだ
日本国憲法《にほんこくけんぽう》
前文抜粋《ぜんぶんばっすい》
憲法《けんぽう》の理念《りねん》は 前文《ぜんぶん》によく あらわれ ている

義務《ぎむ》
日本国民《にほんこくみん》
政治《せいじ》
法律《ほうりつ》
権利《けんり》
憲法《けんぽう》
(日本国憲法《にほんこくけんぽう》)
平和主義《へいわしゅぎ》
基本的人権《きほんてきじんけん》の尊重《そんちょう》
なるほど 憲法《けんぽう》に基《もと》づいて 法律《ほうりつ》も決《き》められ 政治《せいじ》も行《おこな》われて いるのか
憲法《けんぽう》を見《み》れば その国《くに》が どういう国《くに》か わかるのね

日本国民《にほんこくみん》は、正当《せいとう》に選挙《せんきょ》された国会《こっかい》における代表者《だいひょうしゃ》を通《つう》じて行動《こうどう》し、われらとわれらの子孫《しそん》のために、諸国民《しょこくみん》との協和《きょうわ》による成果《せいか》と、わが国全土《くにぜんど》にわたつて自由《じゆう》のもたらす恵沢《けいたく》を確保《かくほ》し、政府《せいふ》の行為《こうい》によつて再《ふたた》び戦争《せんそう》の惨禍《さんか》が起《おこ》ることのないや《よ》うにすることを決意《けつい》し、ここに主権《しゅけん》が国民《こくみん》に存《そん》することを宣言《せんげん》し、この憲法《けんぽう》を確定《かくてい》する。

〜中略《ちゅうりゃく》〜

われらは、平和《へいわ》を維持《いじ》し、専制《せんせい》と隷従《れいじゅう》、圧迫《あっぱく》と偏狭《へんきょう》を地上《ちじょう》から永遠《えいえん》に除去《じょきょ》しようと努《つと》めてゐ《い》る国際社会《こくさいしゃかい》において、名誉《めいよ》ある地位《ちい》を占《し》めたいと思《おも》ふ《う》。われらは、全世界《ぜんせかい》の国民《こくみん》が、ひとしく恐怖《きょうふ》と欠乏《けつぼう》から免《まぬ》かれ、平和《へいわ》のうちに生存《せいぞん》する権利《けんり》を有《ゆう》することを確認《かくにん》する。

〜中略《ちゅうりゃく》〜

日本国民《にほんこくみん》は、国家《こっか》の名誉《めいよ》にかけ、全力《ぜんりょく》をあげてこの崇高《すうこう》な理想《りそう》と目的《もくてき》を達成《たっせい》することを誓《ちか》ふ《う》。

よし! もっとくわしく 憲法《けんぽう》について 見《み》てみようぜ!

憲法《けんぽう》
人権問題《じんけんもんだい》
大激論《だいげきろん》!?の巻《まき》
競馬JUMB
斎藤穴小公著
先輩《せんぱい》ダメですよ仕事中《しごとちゅう》に立《た》ち読《よ》みなんて
ちょっと馬《うま》のデータ覚《おぼ》えてるだけだよ
競馬JUMB
BOOKS
二〇書店
雑誌
ジト…
でも制服《せいふく》だと目立《めだ》ちすぎです

両《りょう》さんメモ

歴史《れきし》で聖徳太子《しょうとくたいし》の憲法十七条《けんぽうじゅうしちじょう》というものを習《なら》いましたか？ これは役人《やくにん》の守《まも》るべき道徳《どうとく》、心得《こころえ》などを示《しめ》したもので、現在《げんざい》の憲法《けんぽう》とは少《すこ》し性格《せいかく》がちがっています。

しかたねぇ写真撮《しゃしんと》っておくか
カシャ
競馬JUMB
ダメですよ!!
そういう行為《こうい》はデジタル万引《まんび》きといって問題《もんだい》になっているんです
万引《まんび》きだーっ
追《お》うぞっ!!
タッ
ドサ
新書
文庫
亀有公園前派

ホントォー いやだァ……
うん それでね
おらおら 邪魔《じゃま》だ どけっ
中川《なかがわ》さーん♥
おまえら なぁ
あら 両津《りょうつ》 いたの?
私《わたし》たち みにくい モノは目《め》に 入《はい》らないの
おまえらが ダベってる間《あいだ》に こっちは仕事《しごと》 してたんだよ
万引《まんび》き犯《はん》 捕《つか》まえ たんだ!!
立《た》ち読《よ》み してた くせに

両《りょう》さんメモ

5月《がつ》3日《か》は憲法記念日《けんぽうきねんび》です。1947年《ねん》5月《がつ》3日《か》に日本国憲法《にほんこくけんぽう》が施行《しこう》されたことを記念《きねん》した日《ひ》です。そして11月《がつ》3日《か》の文化《ぶんか》の日《ひ》は、1946年《ねん》11月《がつ》3日《か》に日本国憲法《にほんこくけんぽう》が公布《こうふ》された日《ひ》にあたります。

こういうのはガキのうちから厳《きび》しくするもんだ!!
すべての国民《こくみん》は憲法《けんぽう》で人権《じんけん》を保障《ほしょう》されているのよ!!
なんだケンポーって?
国《くに》の基本《きほん》になるきまりですよ日本《にほん》には日本国憲法《にほんこくけんぽう》があります
日本国憲法《にほんこくけんぽう》
1946(昭和《しょうわ》21)年《ねん》11月《がつ》3日《か》に公布《こうふ》され
1947(昭和《しょうわ》22)年《ねん》5月《がつ》3日《か》から施行《しこう》された。
前文《ぜんぶん》と第1章《しょう》から第《だい》11章《しょう》まである。
日本国憲法《にほんこくけんぽう》は基本的《きほんてき》に3つの柱《はしら》からなっていて
日本国憲法《にほんこくけんぽう》
国民主権《こくみんしゅけん》
基本的人権《きほんてきじんけん》の尊重《そんちょう》
平和主義《へいわしゅぎ》

法律《ほうりつ》や政治《せいじ》のあり方《かた》も憲法《けんぽう》に反《はん》しないように決《き》められるんです
この法律《ほうりつ》は憲法違反《けんぽういはん》だ
えー!?
法
わかったよ ていねいに やりゃ いいんだろ ったく…
名前《なまえ》は？
るっせーな
なんだ その態度《たいど》は!? ちょっとは反省《はんせい》しろ!!
しめ上《あ》げて 白状《はくじょう》させて やっても いいんだぞ!!
ボゴッ
両《りょう》ちゃん——!!
容疑者《ようぎしゃ》にも人権《じんけん》があるの!!
わしの人権《じんけん》はどうなるんだ

両《りょう》ちゃんにはまかせておけないわ
私《わたし》たちがやる
わしが捕《つか》まえたんだぞ
だめだ女《おんな》になんか取《と》り調《しら》べができるか
何《なに》言《い》ってるの今《いま》の言葉《ことば》取《と》り消《け》しなさい
女《おんな》の指図《さしず》は受《う》けん
仕事《しごと》に男女《だんじょ》のちがいはないわ!!
男尊女卑《だんそんじょひ》なんて許《ゆる》さない
おい中川《なかがわ》！このナマイキな女《おんな》どもに何《なに》か言《い》ってやれ
先輩《せんぱい》！今《いま》の発言《はつげん》は問題《もんだい》がありますよ
すべての国民《こくみん》が平等《びょうどう》なのは憲法《けんぽう》で保障《ほしょう》されています
仕事《しごと》での男女《だんじょ》の差別《さべつ》を禁《きん》じる法律《ほうりつ》もあります
看護師《かんごし》
それにより看護婦《かんごふ》やスチュワーデスなど性別《せいべつ》を限定《げんてい》する職業《しょくぎょう》の呼《よ》び方《かた》も改《あらた》められました
客室乗務員《きゃくしつじょうむいん》

わかったよ
勝手《かって》にしろ
待《ま》ちなさい!!
両《りょう》ちゃんにはしっかり憲法《けんぽう》を覚《おぼ》えてもらうわ
特《とく》に女性差別《じょせいさべつ》は問題《もんだい》よね
人権問題《じんけんもんだい》もね
徹底的《てっていてき》に勉強《べんきょう》してもらうわ
いい?まず憲法《けんぽう》の前文《ぜんぶん》からね
逃《に》がさないからね
先輩《せんぱい》大丈夫《だいじょうぶ》ですか?
よろ…
出
所

両《りょう》さんメモ

社会《しゃかい》が移《うつ》り変《か》わっていく中《なか》で、基本的人権《きほんてきじんけん》も多様化《たようか》してきました。人間《にんげん》らしく健康《けんこう》に生《い》きる権利《けんり》では、隣《となり》の建物《たてもの》などに日光《にっこう》をさえぎられることなく日当《ひあ》たりを確保《かくほ》できる日照権《にっしょうけん》などもみとめられるようになりました。

あいつら あの後《あと》 5時間《じかん》も…
ネチネチと よってたかって 憲法《けんぽう》だとか 人権《じんけん》だとか 講義《こうぎ》しやがって
プッ
くそぉ!! 覚《おぼ》えてろよ 仕返《しかえ》ししてやるぞ!!
ヤツらの ミニパトを ゴキブリ だらけに してやる
わさ わさ
このパトカーだな
わさ わさ

屯田署長《とんだしょちょう》
葛飾署《かつしかしょ》の署長《しょちょう》。大原部長《おおはらぶちょう》と同《おな》じく、両《りょう》さんには頭《あたま》をいためている。

翌朝《よくあさ》
今日《きょう》は管内巡視《かんないじゅんし》のためにミニパトを借《か》りるぞ
はい署長《しょちょう》
実施中
ぶわ
うわわ――っ
さんざん人をバカにしたむくいだ!! ザマーミロ!! このバカどもが!!
両
今《いま》ごろアイツら大声《おおごえ》出《だ》して叫《さけ》んでるぞ
いい気味《きみ》だ
その後《ご》両津《りょうつ》が罰《ばつ》を受《う》けたことは言《い》うまでもない

憲法《けんぽう》

憲法《けんぽう》を見《み》れば国《くに》のようすがわかる

やっぱ基本《きほん》は漢方《かんぽう》でしょ
憲法《けんぽう》よ!!
漢方

三大原則《さんだいげんそく》

憲法《けんぽう》が国《くに》の基本《きほん》になるきまりだというのはわかったよね
すべてはこの原則《げんそく》の上《うえ》に成《な》り立《た》っているのね
国《くに》がどういう政治《せいじ》をするのか国民自身《こくみんじしん》が決《き》める

国民主権《こくみんしゅけん》

日本《にほん》の憲法《けんぽう》

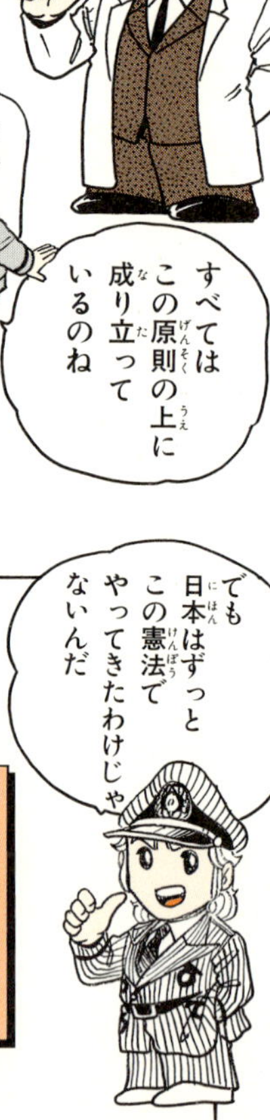
でも日本《にほん》はずっとこの憲法《けんぽう》でやってきたわけじゃないんだ

日本国憲法《にほんこくけんぽう》は1946年《ねん》11月《がつ》3日《か》に公布《こうふ》され、次《つぎ》の年《とし》の5月《がつ》3日《か》から施行《しこう》されました。第二次世界大戦《だいにじせかいたいせん》に負《ま》けた日本《にほん》を占領《せんりょう》していた※GHQ《ジーエイチキュー》と日本政府《にほんせいふ》の話《はな》し合《あ》いをもとに決《き》められたのが日本国憲法《にほんこくけんぽう》です。

それ以前《いぜん》の日本《にほん》には、大日本帝国憲法《だいにっぽんていこくけんぽう》という憲法《けんぽう》がありました。

※連合国軍総司令部《れんごうこくぐんそうしれいぶ》。

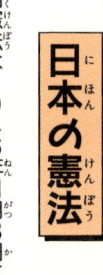

日本国憲法《にほんこくけんぽう》の

平和主義《へいわしゅぎ》

？
誰《だれ》でも人間《にんげん》らしく生《い》きる権利《けんり》を持《も》っている

基本的人権《きほんてきじんけん》の尊重《そんちょう》

ピース
戦争《せんそう》はしないし武器《ぶき》も持《も》たない

天皇《てんのう》は日本《にほん》の象徴《しょうちょう》

第二次世界大戦前《だいにじせかいたいせんまえ》は主権《しゅけん》を持《も》っていた天皇《てんのう》は、戦後日本《せんごにほん》の象徴《しょうちょう》となり、憲法《けんぽう》に定《さだ》められた国事行為《こくじこうい》をしています。

国事行為《こくじこうい》の例《れい》

①国会《こっかい》で選《えら》ばれた内閣総理大臣《ないかくそうりだいじん》の任命《にんめい》
②内閣《ないかく》が決《き》めた最高裁判所長官《さいこうさいばんしょちょうかん》の任命《にんめい》
③国会《こっかい》の召集《しょうしゅう》
④外国《がいこく》の大使《たいし》や公使《こうし》をもてなす
――など

すべての行為《こうい》に内閣《ないかく》の助言《じょげん》と承認《しょうにん》が必要《ひつよう》

実際《じっさい》の判断《はんだん》は内閣《ないかく》によって下《くだ》されるんだ

ふたつの憲法《けんぽう》をくらべてみよう！

日本国憲法《にほんこくけんぽう》 1946年《ねん》	大日本帝国憲法《だいにっぽんていこくけんぽう》 1889年《ねん》	
●主権《しゅけん》は国民《こくみん》にある	●主権《しゅけん》は天皇《てんのう》にある	主権《しゅけん》
●天皇《てんのう》は日本《にほん》の象徴《しょうちょう》	●天皇《てんのう》は政治《せいじ》やその他《た》の実権《じっけん》を持《も》つ	天皇《てんのう》
●基本的人権《きほんてきじんけん》が保障《ほしょう》される ●男女平等《だんじょびょうどう》	●国民《こくみん》の権利《けんり》は法律《ほうりつ》で制限《せいげん》できる ●女性《じょせい》には選挙権《せんきょけん》がない	人権《じんけん》
●国民《こくみん》の義務《ぎむ》は教育《きょういく》・勤労《きんろう》・納税《のうぜい》 ●憲法尊重《けんぽうそんちょう》の義務《ぎむ》	●国民《こくみん》の義務《ぎむ》は兵役《へいえき》・納税《のうぜい》	義務《ぎむ》
●戦争《せんそう》を放棄《ほうき》している	●天皇《てんのう》が軍隊《ぐんたい》を率《ひき》いている	戦争《せんそう》

昔《むかし》は天皇《てんのう》が主権《しゅけん》を持《も》ってたんだ

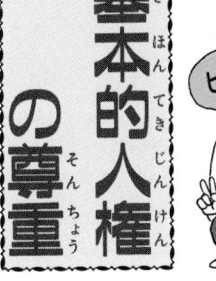

民主主義《みんしゅしゅぎ》とは

国民主権《こくみんしゅけん》

国民主権《こくみんしゅけん》──どのような政治《せいじ》をするのか決《き》める権利《けんり》は国民《こくみん》にあるということだ
国民《こくみん》の直接《ちょくせつ》の代表《だいひょう》が法律《ほうりつ》や国《くに》の予算《よさん》などを決《き》めるのが国会《こっかい》だ

つまり日本《にほん》は民主主義《みんしゅしゅぎ》の国《くに》なんだ

個人《こじん》が人《ひと》として尊重《そんちょう》され、国《くに》や地方《ちほう》の政治《せいじ》を国民《こくみん》の手《て》で行《おこな》うやり方《かた》が民主主義《みんしゅしゅぎ》です。

代表《だいひょう》(国会議員《こっかいぎいん》)
国会《こっかい》
選挙《せんきょ》
代表《だいひょう》を選《えら》ぶのが選挙《せんきょ》
立候補《りつこうほ》
国民《こくみん》

平和主義《へいわしゅぎ》

日本《にほん》は第二次世界《だいにじせかい》大戦《たいせん》の反省《はんせい》から二度《にど》と戦争《せんそう》はしないと誓《ちか》ったの

悲惨《ひさん》な戦争《せんそう》を二度《にど》とくり返《かえ》さないため、日本国憲法《にほんこくけんぽう》は平和主義《へいわしゅぎ》を原則《げんそく》としています。

憲法第《けんぽうだい》2章第《しょうだい》9条《じょう》には、

- **国際紛争《こくさいふんそう》を解決《かいけつ》する手段《しゅだん》としては、永久《えいきゅう》に戦争《せんそう》を放棄《ほうき》する。**
- **戦力《せんりょく》を持《も》たない。**

ということが書《か》いてあります。

ふははは
平和

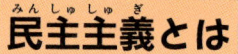

間接民主制《かんせつみんしゅせい》

民主主義《みんしゅしゅぎ》だから選挙《せんきょ》に立候補《りっこうほ》したり投票《とうひょう》したりできるんだ

国民《こくみん》は選挙《せんきょ》で政治《せいじ》に参加《さんか》。

選挙《せんきょ》で選《えら》ばれた議員《ぎいん》が議会《ぎかい》によって政治《せいじ》を行《おこな》う。

人口《じんこう》が多《おお》いと、国民全員《こくみんぜんいん》が直接政治《ちょくせつせいじ》に参加《さんか》する(直接民主制《ちょくせつみんしゅせい》)のはむずかしいので、間接民主制《かんせつみんしゅせい》が取《と》られます。日本《にほん》も間接民主制《かんせつみんしゅせい》です。

アメリカの大統領《だいとうりょう》だったリンカーン※が1863年《ねん》に行《おこな》った演説《えんぜつ》の中《なか》の「人民《じんみん》の、人民《じんみん》による、人民《じんみん》のための政治《せいじ》」という言葉《ことば》は、民主主義《みんしゅしゅぎ》の精神《せいしん》をよくあらわしているといわれています。

※1809～1865年《ねん》

人民《じんみん》の 人民《じんみん》による 人民《じんみん》の ための政治《せいじ》

自衛隊《じえいたい》って？

WEAPON

この平和主義《へいわしゅぎ》のため、日本国憲法《にほんこくけんぽう》は平和憲法《へいわけんぽう》とも呼《よ》ばれています。

戦争《せんそう》は放棄《ほうき》するといっても、他国《たこく》から攻《せ》められた時《とき》の守《まも》りは必要《ひつよう》だということで作《つく》られたのが自衛隊《じえいたい》です。国《くに》の防衛《ぼうえい》以外《いがい》に災害救助活動《さいがいきゅうじょかつどう》などもします。※PKO《ピーケーオー》に協力《きょうりょく》して、海外《かいがい》へも出動《しゅつどう》するようになりました。

でも 自衛隊《じえいたい》は 軍隊《ぐんたい》ではないか という議論《ぎろん》も あるぞ

※国際連合《こくさいれんごう》の平和維持活動《へいわいじかつどう》。

基《き》本《ほん》的《てき》人《じん》権《けん》

ﾈ!
の自由《じゆう》

基本的人権《きほんてきじんけん》の種類《しゅるい》

基本的人権《きほんてきじんけん》は、次《つぎ》のような種類《しゅるい》に分《わ》けられます。

平等権《びょうどうけん》	人種《じんしゅ》や考《かんが》え方《かた》、性別《せいべつ》などにより差別《さべつ》されない
自由権《じゆうけん》	身体的《しんたいてき》にも思想的《しそうてき》にも自《じ》由《ゆう》であり、束縛《そくばく》されない
社会権《しゃかいけん》	健康《けんこう》で人間《にんげん》らしい生活《せいかつ》をする権利《けんり》
参政権《さんせいけん》	政治《せいじ》に参加《さんか》する権利《けんり》。人権《じんけん》を守《まも》るための権利《けんり》
請求権《せいきゅうけん》	裁判《さいばん》を受《う》けたり、国《くに》から受《う》けた損害《そんがい》の償《つぐな》いを求《もと》められる。人権《じんけん》を守《まも》るための権利《けんり》

国民《こくみん》ひとりひとりに人間《にんげん》らしく生《い》きる権利《けんり》が保障《ほしょう》されているんだよ

権利《けんり》だけじゃなく義務《ぎむ》もあるんだよ

自由《じゆう》

税務署
¥

納税《のうぜい》の義務《ぎむ》

税金《ぜいきん》を納《おさ》めなくてはいけない

教育《きょういく》の義務《ぎむ》

子《こ》どもに教育《きょういく》を受《う》けさせなければならない

勤労《きんろう》の義務《ぎむ》

仕事《しごと》に就《つ》いて働《はたら》かなければならない

憲法尊重《けんぽうそんちょう》の義務《ぎむ》

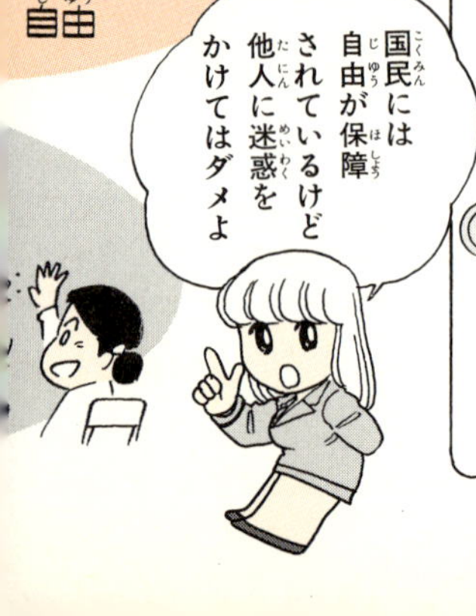
国民《こくみん》には自由《じゆう》が保障《ほしょう》されているけど他人《たにん》に迷惑《めいわく》をかけてはダメよ

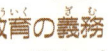

基本的人権《きほんてきじんけん》の例《れい》

日本国憲法《にほんこくけんぽう》の内容《ないよう》

前文《ぜんぶん》
第《だい》1章《しょう》　天皇《てんのう》
第《だい》2章《しょう》　戦争《せんそう》の放棄《ほうき》
第《だい》3章《しょう》　国民《こくみん》の権利《けんり》及《およ》び義務《ぎむ》
第《だい》4章《しょう》　国会《こっかい》
第《だい》5章《しょう》　内閣《ないかく》
第《だい》6章《しょう》　司法《しほう》
第《だい》7章《しょう》　財政《ざいせい》
第《だい》8章《しょう》　地方自治《ちほうじち》
第《だい》9章《しょう》　改正《かいせい》
第《だい》10章《しょう》　最高法規《さいこうほうき》
第《だい》11章《しょう》　補則《ほそく》

前文《ぜんぶん》と11章《しょう》からできているんだ

日本国憲法《にほんこくけんぽう》に書《か》かれているのは左《ひだり》のようなことよ

憲法《けんぽう》についての意見《いけん》

今《いま》の憲法《けんぽう》は、できてから約《やく》60年《ねん》たちます。その間《あいだ》、一度《いちど》も改正《かいせい》さ

変えない!!

変えたい
変える?

憲法《けんぽう》を変《か》える時《とき》は？

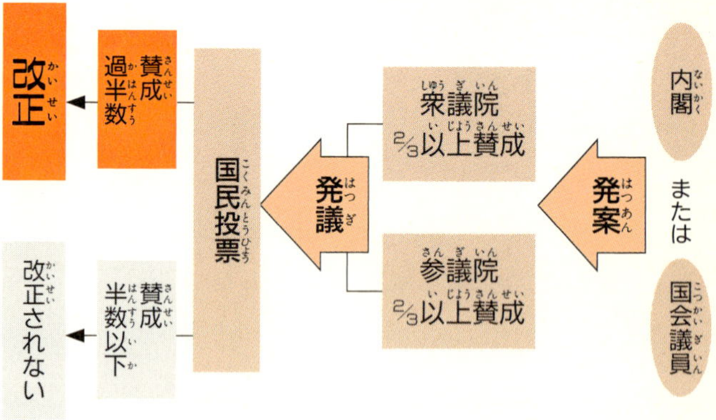
内閣《ないかく》
または
国会議員《こっかいぎいん》
発案《はつあん》
衆議院《しゅうぎいん》
2/3以上賛成《いじょうさんせい》
参議院《さんぎいん》
2/3以上賛成《いじょうさんせい》
発議《はつぎ》
国民投票《こくみんとうひょう》
賛成《さんせい》過半数《かはんすう》
改正《かいせい》
賛成《さんせい》半数以下《はんすういか》
改正《かいせい》されない

日本国憲法《にほんこくけんぽう》には、憲法《けんぽう》を変《か》える時《とき》に必要《ひつよう》な手続《てつづ》きについて書《か》いてあります。

①憲法改正案提出《けんぽうかいせいあんていしゅつ》(発案《はつあん》)。
②国会《こっかい》の各議院《かくぎいん》で総議員《そうぎいん》の2/3以上《いじょう》の賛成《さんせい》で国民《こくみん》に改正案《かいせいあん》を提出《ていしゅつ》(発議《はつぎ》)。
③国民投票《こくみんとうひょう》で国民《こくみん》の意見《いけん》を聞《き》く。

大事《だいじ》な問題《もんだい》だから国民《こくみん》が決《き》めるんだね

国民《こくみん》と三権分立《さんけんぶんりつ》

政治《せいじ》も裁判《さいばん》も、法律《ほうりつ》に基《もと》づいて行《おこな》われます。

れていません。今《いま》の社会《しゃかい》に合《あ》わないので変《か》えようという意《い》見《けん》も、立派《りっぱ》な憲法《けんぽう》なので変《か》えなくてもいいという意見《いけん》もあります。みなさんも憲法《けんぽう》について考《かんが》えてみましょう。

これから
みんなでよく
話《はな》し合《あ》わ
ないと

地方《ちほう》の政治《せいじ》について

国《くに》だけでなく、都道府県《とどうふけん》や市町村単位《しちょうそんたんい》でも政治《せいじ》は行《おこな》われます。国《くに》(中央《ちゅうおう》)に対《たい》して都道府県《とどうふけん》や市町村《しちょうそん》は地方《ちほう》と呼《よ》ばれます。

憲法《けんぽう》でも、地方《ちほう》に合《あ》った政治《せいじ》を住民《じゅうみん》の手《て》で行《おこな》うことをみとめています。

役所

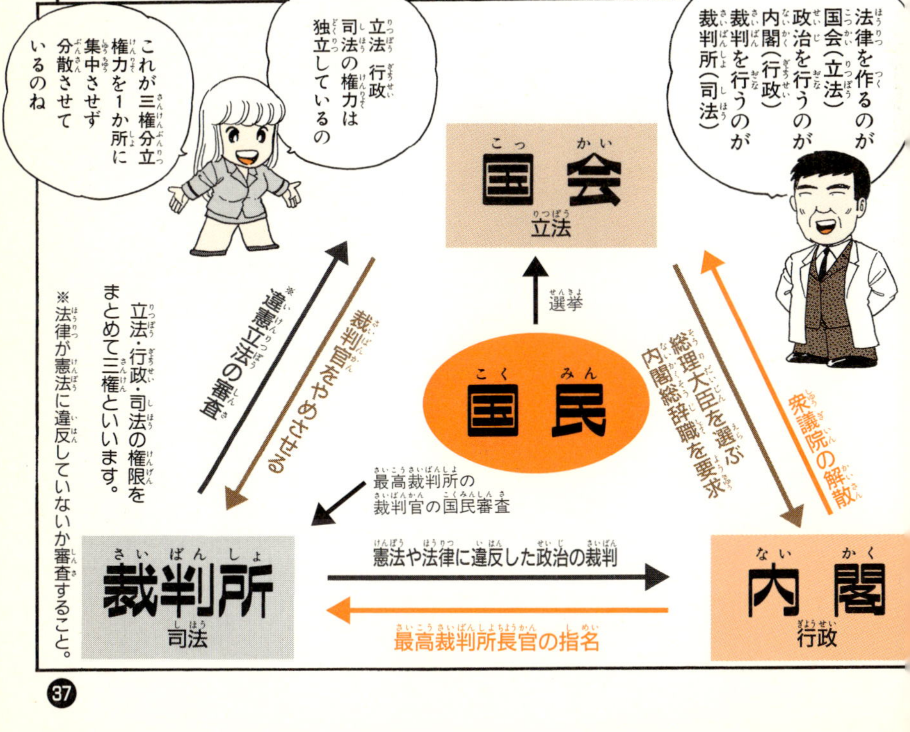
法律《ほうりつ》を作《つく》るのが
国会《こっかい》(立法《りっぽう》)
政治《せいじ》を行《おこな》うのが
内閣《ないかく》(行政《ぎょうせい》)
裁判《さいばん》を行《おこな》うのが
裁判所《さいばんしょ》(司法《しほう》)
立法《りっぽう》 行政《ぎょうせい》
司法《しほう》の権力《けんりょく》は
独立《どくりつ》しているの
これが三権分立《さんけんぶんりつ》
権力《けんりょく》を1か所《しょ》に
集中《しゅうちゅう》させず
分散《ぶんさん》させて
いるのね
国会《こっかい》
立法《りっぽう》
選挙《せんきょ》
国民《こくみん》
総理大臣《そうりだいじん》を選《えら》ぶ
内閣総辞職《ないかくそうじしょく》を要求《ようきゅう》
衆議院《しゅうぎいん》の解散《かいさん》
内閣《ないかく》
行政《ぎょうせい》
憲法《けんぽう》や法律《ほうりつ》に違反《いはん》した政治《せいじ》の裁判《さいばん》
最高裁判所長官《さいこうさいばんしょちょうかん》の指名《しめい》
裁判所《さいばんしょ》
司法《しほう》
最高裁判所《さいこうさいばんしょ》の
裁判官《さいばんかん》の国民審査《こくみんしんさ》
裁判官《さいばんかん》をやめさせる
※違憲立法《いけんりっぽう》の審査《しんさ》
立法《りっぽう》・行政《ぎょうせい》・司法《しほう》の権限《けんげん》をまとめて三権《さんけん》といいます。
※法律《ほうりつ》が憲法《けんぽう》に違反《いはん》していないか審査《しんさ》すること。

教《おし》えて! こち亀《かめ》 相談室《そうだんしつ》 1

Q 非核三原則《ひかくさんげんそく》って何《なに》?

非核三原則《ひかくさんげんそく》という言葉《ことば》を聞《き》きました。これはどういう意味《いみ》ですか?

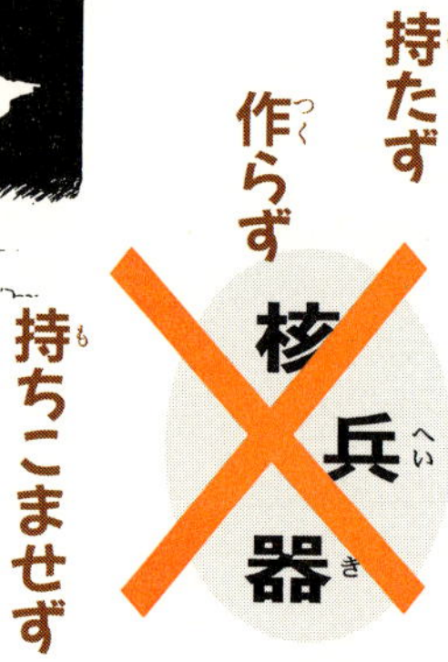

持《も》たず
作《つく》らず
持《も》ちこませず
核兵《へい》器《き》

A

これは、核兵器《かくへいき》を持《も》たず、作《つく》らず、持《も》ちこませず、という日本《にほん》の核兵器《かくへいき》に対《たい》する原則《げんそく》だ。

第二次世界大戦《だいにじせかいたいせん》では、日本《にほん》は原子爆弾《げんしばくだん》という核兵器《かくへいき》で、たくさんの犠牲《ぎせい》が出《で》た。だから核兵器《かくへいき》には、反対《はんたい》していかないとな。

日本《にほん》は世界《せかい》でただひとつの※被爆国《ひばくこく》なんだ

※2004年現在《ねんげんざい》、日本《にほん》は戦争《せんそう》によって原爆《げんばく》を落《お》とされた唯一《ゆいいつ》の国《くに》です。

みんなの法律相談《ほうりつそうだん》

①お母《かあ》さんがテレビを見《み》る時間《じかん》を制限《せいげん》します。自由権《じゆうけん》の侵害《しんがい》じゃないですか?

ダメッ

●答《こた》え●
親《おや》には子《こ》どもを監督《かんとく》し、保護《ほご》する義務《ぎむ》があります。だから親《おや》は、子《こ》どもにとってよくないことは、やめさせることができます。

Q 憲法改正《けんぽうかいせい》って？

「憲法改正《けんぽうかいせい》」という言葉《ことば》を耳《みみ》にしたのですが、どんな点《てん》が問題《もんだい》になっているのですか？

A

憲法《けんぽう》ができて60年《ねん》がたち、そろそろ憲法《けんぽう》を見直《みなお》そうって意見《いけん》が出《で》てきた。もっともよく議論《ぎろん》されるのが、戦争《せんそう》に関《かん》してだ。

日本国憲法《にほんこくけんぽう》は、第《だい》9条《じょう》で「戦争《せんそう》の放棄《ほうき》」を定《さだ》めてる。だから日本《にほん》は長《なが》い間《あいだ》、戦争《せんそう》に巻《ま》きこまれずにすんだんだな。ところが日本《にほん》は豊《ゆた》かになり、世界《せかい》の中《なか》で大《おお》きな責任《せきにん》を持《も》つようになったんだから、自《じ》国《こく》の平和《へいわ》を考《かんが》えてるだけじゃダメ、紛争国《ふんそうこく》に自衛隊《じえいたい》を派遣《はけん》したりして国際貢献《こくさいこうけん》しなきゃ。そのためにも憲法《けんぽう》の見直《みなお》しが必要《ひつよう》って意見《いけん》があるんだ。

でも反対《はんたい》に第《だい》9条《じょう》のおかげで平《へい》和《わ》を守《まも》れたんだから、憲法《けんぽう》は絶対《ぜったい》変《か》えるべきじゃないって意見《いけん》も強《つよ》い。どっちにしろ、かんたんに答《こた》えを出《だ》せる問題《もんだい》じゃない。

じっくり考《かんが》えなくちゃな。

60年間《ねんかん》 戦争《せんそう》が おき なかったのは 第《だい》9条《じょう》の存在《そんざい》が 大《おお》きい のかもな
9条
戦争
これは 世界《せかい》に誇《ほこ》れる ことよね

②どんな職業《しょくぎょう》に就《つ》くのも自《じ》由《ゆう》だと習《なら》ったが、身長《しんちょう》や視《し》力《りょく》の制限《せいげん》がある職業《しょくぎょう》があるのはおかしくないですか？

なりたいのに…
ャ!

●答《こた》え●

身長《しんちょう》や視力《しりょく》などの制限《せいげん》がある職業《しょくぎょう》は、その基準《きじゅん》を満《み》たしていないと、危険《きけん》がある職業《しょくぎょう》なのです。危険《きけん》をさけるために制限《せいげん》があります。

憲法《けんぽう》について

日本国憲法《にほんこくけんぽう》は、世界《せかい》に誇《ほこ》れるすぐれた憲法《けんぽう》だといわれています。

その理由《りゆう》は、日本国憲法《にほんこくけんぽう》の国民主権《こくみんしゅけん》、基本《きほん》的人権《てきじんけん》の尊重《そんちょう》、平和主義《へいわしゅぎ》という三本柱《さんぼんばしら》に支《ささ》えられ、わが国《くに》の著《いちじる》しい進歩《しんぽ》や発展《はってん》、豊《ゆた》かな国《こく》民生活《みんせいかつ》が実現《じつげん》したからです。

国会《こっかい》（立法《りっぽう》）、内閣《ないかく》（行政《ぎょうせい》）、裁判所《さいばんしょ》（司法《しほう》）の三権《さんけん》が分立《ぶんりつ》した実《じつ》にみごとなしくみと連携《れんけい》で国民《こくみん》を支《ささ》えています。

また、国民《こくみん》ひとりひとりの生活《せいかつ》だけでなく、産業《さんぎょう》や経済《けいざい》、科学《かがく》、文化《ぶんか》、スポーツなど国全《くにぜん》体《たい》の発展《はってん》ももたらし、世界《せかい》の先進国《せんしんこく》に導《みちび》きました。

あらゆる人権《じんけん》が認《みと》められ、国民《こくみん》ひとりひとりが自信《じしん》と誇《ほこ》りを持《も》ち、自由《じゆう》に生《い》きる社会《しゃかい》を実現《じつげん》しました。また、平和主義《へいわしゅぎ》は日本国民《にほんこくみん》を守《まも》るだけでなく、外国《がいこく》の平和《へいわ》や安全《あんぜん》にまでも貢献《こうけん》しました。

最近《さいきん》、テレビや新聞《しんぶん》で「憲法改正《けんぽうかいせい》」ということばが盛《さか》んに出《で》てくることに気付《きづ》いていますか？

日本国憲法《にほんこくけんぽう》はこの六〇年近《ねんちか》く、国民《こくみん》すべての生活《せいかつ》を支《ささ》え導《みちび》いてくれた偉大《いだい》な「きまり」です。戦後《せんご》の復興《ふっこう》を支《ささ》え、そして世界《せかい》の先進《せんしん》国《こく》に導《みちび》いてくれた偉大《いだい》な憲法《けんぽう》です。しかし、世界《せかい》の状況《じょうきょう》や日本《にほん》の社会《しゃかい》が変化《へんか》し、人々《ひとびと》の生《せい》活《かつ》や考《かんが》え方《かた》に合《あ》わせるならば、憲法《けんぽう》の一部《いちぶ》も変《か》えた方《ほう》がいいのではないか。「憲法改正《けんぽうかいせい》」とは、そんな考《かんが》えです。

憲法《けんぽう》は、これからみなさんが大人《おとな》になり、さらにみなさんの子《こ》どもや孫《まご》の世代《せだい》にも同《おな》じ支《ささ》えとなり、生《い》きる拠《よ》り所《どころ》となるものです。国民全体《こくみんぜんたい》で考《かんが》えなければならないとても大切《たいせつ》なことなのです。

国会《こっかい》

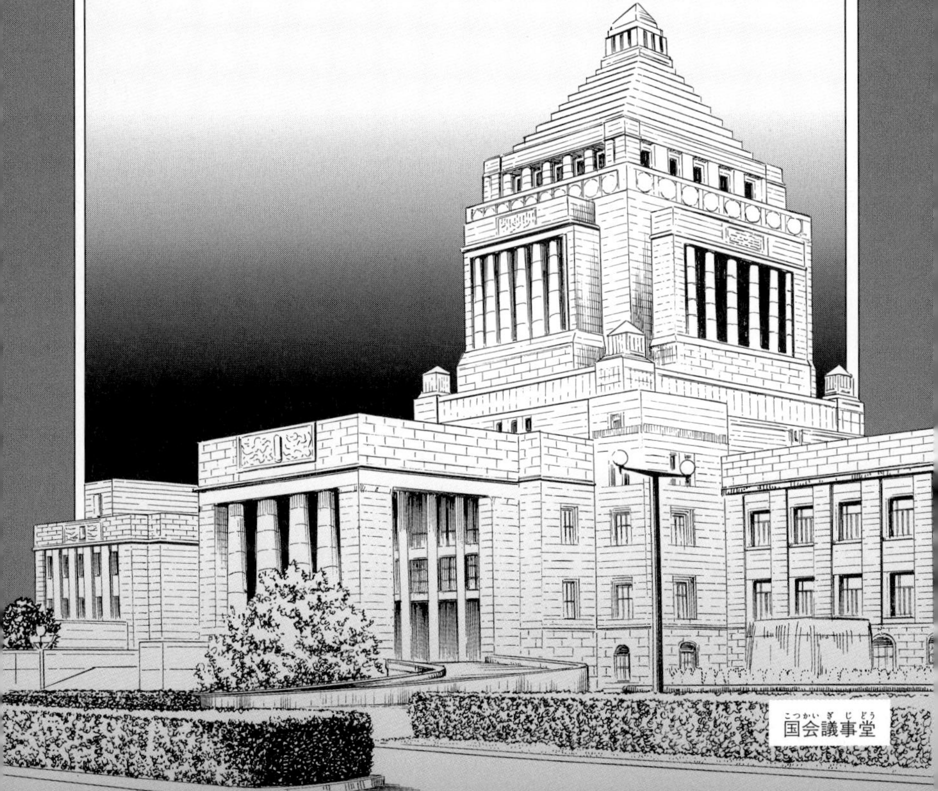

国会議事堂《こっかいぎじどう》

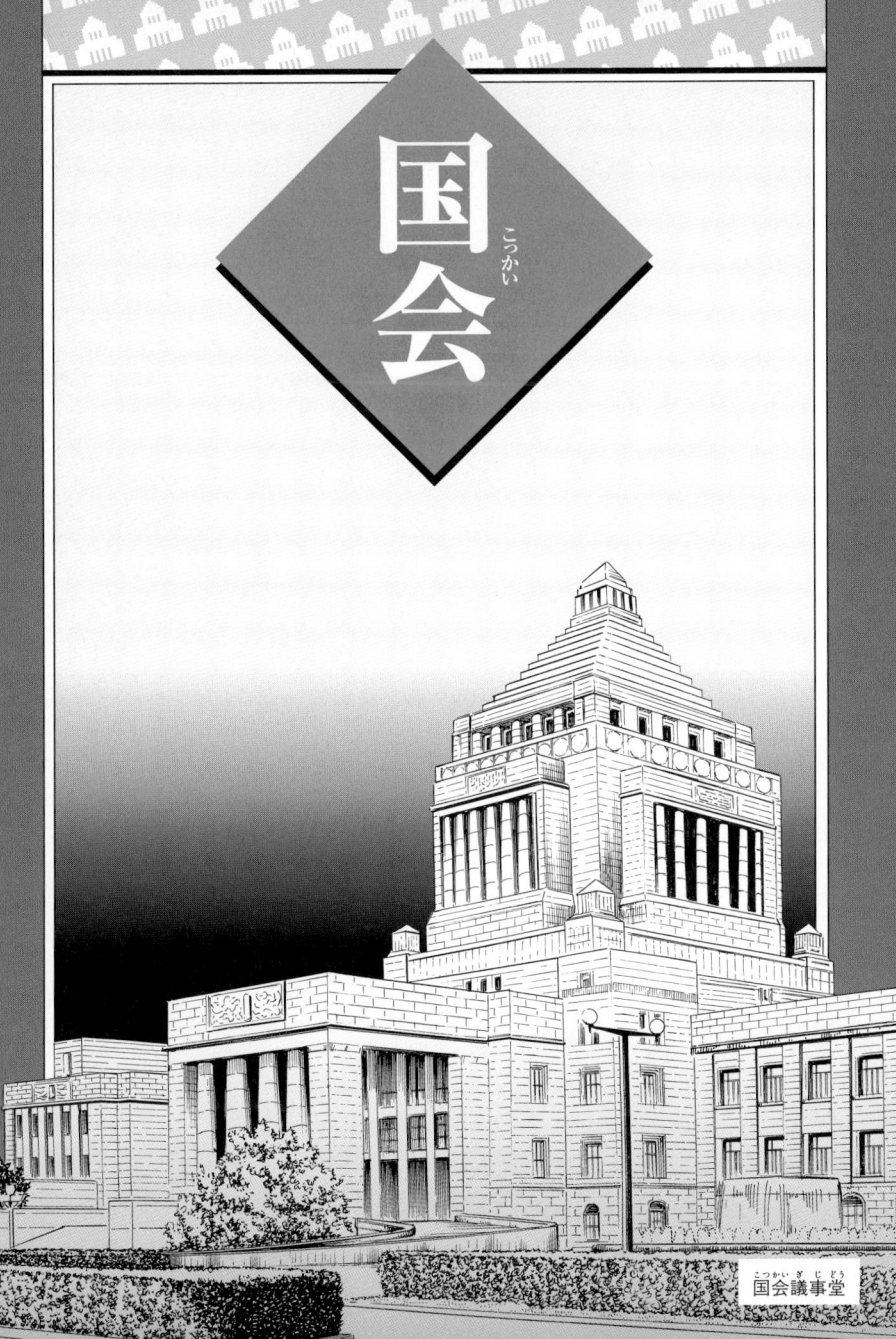

内閣《ないかく》

三権《さんけん》のうち立法《りっぽう》を受《う》け持《も》つのが国会《こっかい》だ
立法《りっぽう》とは法律《ほうりつ》を作《つく》ること！国会《こっかい》は日本《にほん》でただひとつの立法機関《りっぽうきかん》よ
国会《こっかい》にはこんな役割《やくわり》があるんだよ
国会《こっかい》の議員《ぎいん》は全国《ぜんこく》から選《えら》ばれた国民《こくみん》の代表《だいひょう》なんだぜ
国民《こくみん》の直接《ちょくせつ》の代表《だいひょう》が集《あつ》まる国会《こっかい》は三権《さんけん》の中《なか》でも〝国権《こっけん》の最高機関《さいこうきかん》〟とされているんだ
国《くに》の予算《よさん》を決《き》める
とんてんかん☆
法律
法律《ほうりつ》を作《つく》る
内閣《ないかく》の仕事《しごと》を監視《かんし》する
やめなはれ！
首相
政治
国《くに》の政治《せいじ》の様子《ようす》を調《しら》べる
国民《こくみん》の代表《だいひょう》を選《えら》ぶ方法《ほうほう》が選挙《せんきょ》だ

国権《こっけん》とは国《くに》の権力《けんりょく》のことです。

この他《ほか》にもさまざまな役割《やくわり》があります。

都道府県知事《とどうふけんちじ》、市町村長《しちょうそんちょう》、地方議会《ちほうぎかい》の議員《ぎいん》、身近《みぢか》なところでは生徒会《せいとかい》の役員《やくいん》なども選挙《せんきょ》で選《えら》ばれますね。

立法《りっぽう》パニック選挙戦《せんきょせん》!の巻《まき》

ゴホン

えっと なんだ…
古新聞《ふるしんぶん》と古雑誌《ふるざつし》〜〜〜
あと…ボロだ
ボロきれ〜〜〜

※特別《とくべつ》な許可《きょか》がない限《かぎ》り、公務員《こうむいん》のアルバイトは禁止《きんし》されています。

毎度《まいど》お騒《さわ》がせしておりま〜す
先輩《せんぱい》もうやめましょうよ
うるせーな今月《こんげつ》もピンチなんだバイトだよ
でもなんで僕《ぼく》まで
なかまだろ!! いいかなかまってのは助《たす》け合《あ》うものなんだ!! 昔《むかし》から向《む》こう三軒《さんげん》両隣《りょうどなり》!! 旅《たび》は道《みち》連《づ》れ世《よ》は情《なさ》けっていうだろそれが友情《ゆうじょう》だ!!
ちがいますよ
困《こま》ってるなかまを見捨《みす》てるのかこの鬼《おに》!! 悪魔《あくま》!!
先輩《せんぱい》!! マイク!!
なに? あのチリ紙交換《かみこうかん》

それにしても集《あつ》まらねぇなぁ
最近《さいきん》は自治体《じちたい》も資源《しげん》ゴミの回収《かいしゅう》を徹底《てってい》するようになってきましたからね
毎度《まいど》お騒《さわ》がせしております
チリ紙《がみ》交換《こうかん》
こうなりゃ景気《けいき》づけだ
声《こえ》が大《おお》きいですよ
OX党公認
つくだ
つくだ幸雄
つくだ 幸雄

よし 今日《きょう》も がんばるぞ!!
ハイ 先生《せんせい》
なんとしても衆議院議員《しゅうぎいんぎいん》に当選《とうせん》する!!
そして 日本《にほん》を良《よ》くする!! 目標《もくひょう》は内閣総理大臣《ないかくそうりだいじん》だ
このたび衆議院《しゅうぎいん》議員《ぎいん》に立候補《りっこうほ》した
毎度《まいど》お騒《さわ》がせしておりまぁーーすチリ紙《がみ》交換《こうかん》どえーす
うわっ
つくだ
つくだ幸雄
古雑誌《ふるざっし》 ボロきれ ダンボール
なんだこりゃ

両《りょう》さんメモ

国会議員《こっかいぎいん》は国民《こくみん》の代表《だいひょう》ということで、特権《とっけん》があたえられています。悪《わる》いことをしても国会《こっかい》の会期中《かいきちゅう》は、現行犯《げんこうはん》以外《いがい》では、逮捕《たいほ》することができません。逮捕《たいほ》するためには、「逮捕許諾請求《たいほきょだくせいきゅう》」という手続《てつづ》きをしなければなりません。

古新聞《ふるしんぶん》古雑誌《ふるざっし》～～～札束《さつたば》なんか大歓迎《だいかんげい》だぞ!!
……
くそっ負《ま》けるな!!
このたび衆議院《しゅうぎいん》議員《ぎいん》に立候補《りっこうほ》したつくだ幸雄《ゆきお》です
なんだいきなり!!
こっちも負《ま》けてられんぞ
チリ紙交換《がみこうかん》です古新聞《ふるしんぶん》古雑誌《ふるざっし》
次《つぎ》の選挙《せんきょ》にはみなさまの清《きよ》き一票《いっぴょう》を
負《ま》けるか!!
負《ま》けんぞ!!

両《りょう》さんメモ

衆《しゅう》議《ぎ》院《いん》議《ぎ》員《いん》と参《さん》議《ぎ》院《いん》議《ぎ》員《いん》の選《せん》挙《きょ》を国《こく》政《せい》選《せん》挙《きょ》といいます。国《くに》の政《せい》治《じ》に関《かか》わる選《せん》挙《きょ》だからです。

いい加減《かげん》にしてよ!!
うるさいわね!!
おまえのせいだ営業妨害《えいぎょうぼうがい》だぞ!!
何《なに》言《い》ってる! そっちのせいだ選挙妨害《せんきょぼうがい》だ
ん? おまえ…
?
ガキのころいっしょに悪《わる》さしてた勘吉《かんきち》だ!! 覚《おぼ》えてるか?
おまえ幸雄《ゆきお》だろ幸雄《ゆきお》じゃねえか
先輩《せんぱい》前《まえ》!!

ほら屋上《おくじょう》からションベンした! 女子更衣室《じょしこういしつ》ものぞいたろ!! 先生《せんせい》のカバンにカエルを…
わっ おいっ
つくだ幸雄
なぁに あの候補者《こうほしゃ》
あんな人《ひと》が議員《ぎいん》に…?
ヒソ ヒソ
つく
みなさん誤解《ごかい》です
わかった 勘吉《かんきち》だろ 思《おも》い出《だ》したよ
つくだ
おお やっぱりそうか
いやぁ 幸雄《ゆきお》なつかしい
つくだ幸
選挙事務所
しっかしどうしたんだ国会議員《こっかいぎいん》になるだなんて
議員《ぎいん》になって日本《にほん》をより良《よ》くしたいんだ

この時期《じき》選挙《せんきょ》なんてあったっけ？
補欠選挙《ほけつせんきょ》だよ

補欠選挙《ほけつせんきょ》とは？

議席
選挙

国会《こっかい》や地方自治体《ちほうじちたい》の議会《ぎかい》は、それぞれ議員《ぎいん》の数《かず》が決《き》まっています。
議員《ぎいん》に選《えら》ばれた人《ひと》が、死亡《しぼう》や退職《たいしょく》して、人数《にんずう》が足《た》りなくなった時《とき》に行《おこな》われるのが、補欠選挙《ほけつせんきょ》です。

日本《にほん》を良《よ》くするには国会議員《こっかいぎいん》になるのがいいと思《おも》って
選挙《せんきょ》に立候補《りっこうほ》したんだ

国会《こっかい》のしくみと仕事《しごと》

衆議院《しゅうぎいん》	参議院《さんぎいん》
定数《ていすう》　480人《にん》	定数《ていすう》　242人《にん》
任期《にんき》　4年《ねん》	任期《にんき》　6年《ねん》
（解散《かいさん》もある）	（3年《ねん》ごとに半数《はんすう》を改選《かいせん》）

〈国会《こっかい》のおもな仕事《しごと》〉

◎法律《ほうりつ》を作《つく》る　◎国《くに》の予算《よさん》を決定《けってい》する
◎内閣総理大臣《ないかくそうりだいじん》を指名《しめい》する　など

↑ 選挙《せんきょ》

国《こく》民《みん》　国民《こくみん》の代表《だいひょう》が集《あつ》まるのが国会《こっかい》

〈被選挙権《ひせんきょけん》〉

選挙《せんきょ》で投票《とうひょう》できる権利《けんり》を選挙権《けん》といい、選挙《せんきょ》に立候補《りっこうほ》できる権利《けんり》を被選挙権《ひせんきょけん》といいます。
選挙権《せんきょけん》は、どの選挙《せんきょ》でも20歳《さい》になれば得《え》られます。被選挙権《ひせんきょけん》は、次《つぎ》の通《とお》りです。

25歳

衆議院議員《しゅうぎいんぎいん》・市町村長《しちょうそんちょう》・都道府県《とどうふけん》と市町村議会議員《しちょうそんぎかいぎいん》

30歳

参議院議員《さんぎいんぎいん》・都道府県知事《とどうふけんちじ》

選挙資金《せんきょしきん》をためて衆議院《しゅうぎいん》 参議院《さんぎいん》いずれかの国政選挙《こくせいせんきょ》を待《ま》っていた

両《りょう》さんメモ

公約《こうやく》とは、政治家《せいじか》や政党《せいとう》が一般《いっぱん》の人々《ひとびと》に対《たい》して政策《せいさく》をかかげて、それを実行《じっこう》すると約束《やくそく》することです。選挙《せんきょ》の際《さい》に、公約《こうやく》をかかげても、それが守《まも》られないことが多《おお》いのは問題《もんだい》です。

日本《にほん》の選挙《せんきょ》の原則《げんそく》

普通選挙《ふつうせんきょ》
・一定《いってい》の年齢《ねんれい》に達《たっ》した人《ひと》すべてに選挙権《せんきょけん》がある。

平等選挙《びょうどうせんきょ》
・ひとりひとりの持《も》つ一票《いっぴょう》の価値《かち》が同《おな》じである。

秘密選挙《ひみつせんきょ》
・誰《だれ》に投票《とうひょう》したか秘密《ひみつ》にする。

直接選挙《ちょくせつせんきょ》
・投票者《とうひょうしゃ》が候補者《こうほしゃ》、政党《せいとう》に直接《ちょくせつ》投票《とうひょう》する。

今《いま》の日本《にほん》を良《よ》くする………
こいつが日本《にほん》を良《よ》く…なんて考《かんが》えるのか…?

議員《ぎいん》になってどう日本《にほん》を良《よ》くするんだ?
えっ それは その……

その…うちの党《とう》の方針《ほうしん》は………
ちゃんと公約《こうやく》をかかげないと

政党《せいとう》とは…

政治《せいじ》について同《おな》じような考《かんが》えを持《も》った人々《ひとびと》の集《あつ》まりを政党《せいとう》といいます。

国会《こっかい》で多数《たすう》を占《し》め、政権《せいけん》をにぎっている政党《せいとう》を与党《よとう》、それ以外《いがい》の政党《せいとう》を野党《やとう》といいます。

大《おお》きな政党《せいとう》から出《で》たかったけど実績《じっせき》がないと公認《こうにん》してくれないし……
自分《じぶん》の考《かんが》えに合《あ》った政党《せいとう》じゃないと意味《いみ》がないじゃないですか

しかし選挙《せんきょ》って金《かね》がかかるんだろう?

両《りょう》さんメモ

選挙《せんきょ》に立候補《りっこうほ》する際《さい》、国《くに》に預《あず》けるお金《かね》を供託金《きょうたくきん》といいます。これは売名行為《ばいめいこうい》や選挙妨害《せんきょぼうがい》のために立候補《りっこうほ》する人《ひと》をなくすために、まじめに選挙活動《せんきょかつどう》をする証《あかし》として預《あず》けますが、衆議院《しゅうぎいん》の小選挙区《しょうせんきょく》では300万円《まんえん》と高額《こうがく》で、供託金《きょうたくきん》のあり方《かた》の議論《ぎろん》もなされています。

選挙《せんきょ》に立候補《りっこうほ》するには、選挙運動《せんきょうんどう》にかかる費用《ひよう》の他《ほか》に、国《くに》に預《あず》けるお金《かね》が必要《ひつよう》です。選挙《せんきょ》で、定《さだ》められた数《かず》以上《いじょう》の票《ひょう》を得《え》れば、このお金《かね》は返《かえ》ってきますが、得《え》られなければ没収《ぼっしゅう》されます。
そのために金《かね》なら!!
なあに当選《とうせん》したらもとはとれるから
なるほどうまくやればもうけられるな
○○ハウス
橋
入札
悪魔《あくま》のささやき
そんな考《かん》え方《かた》はダメですよ
なんの私《わたし》は日本《にほん》を良《よ》くしようと
おい!!選挙参謀《せんきょさんぼう》ほしくないか?
え?

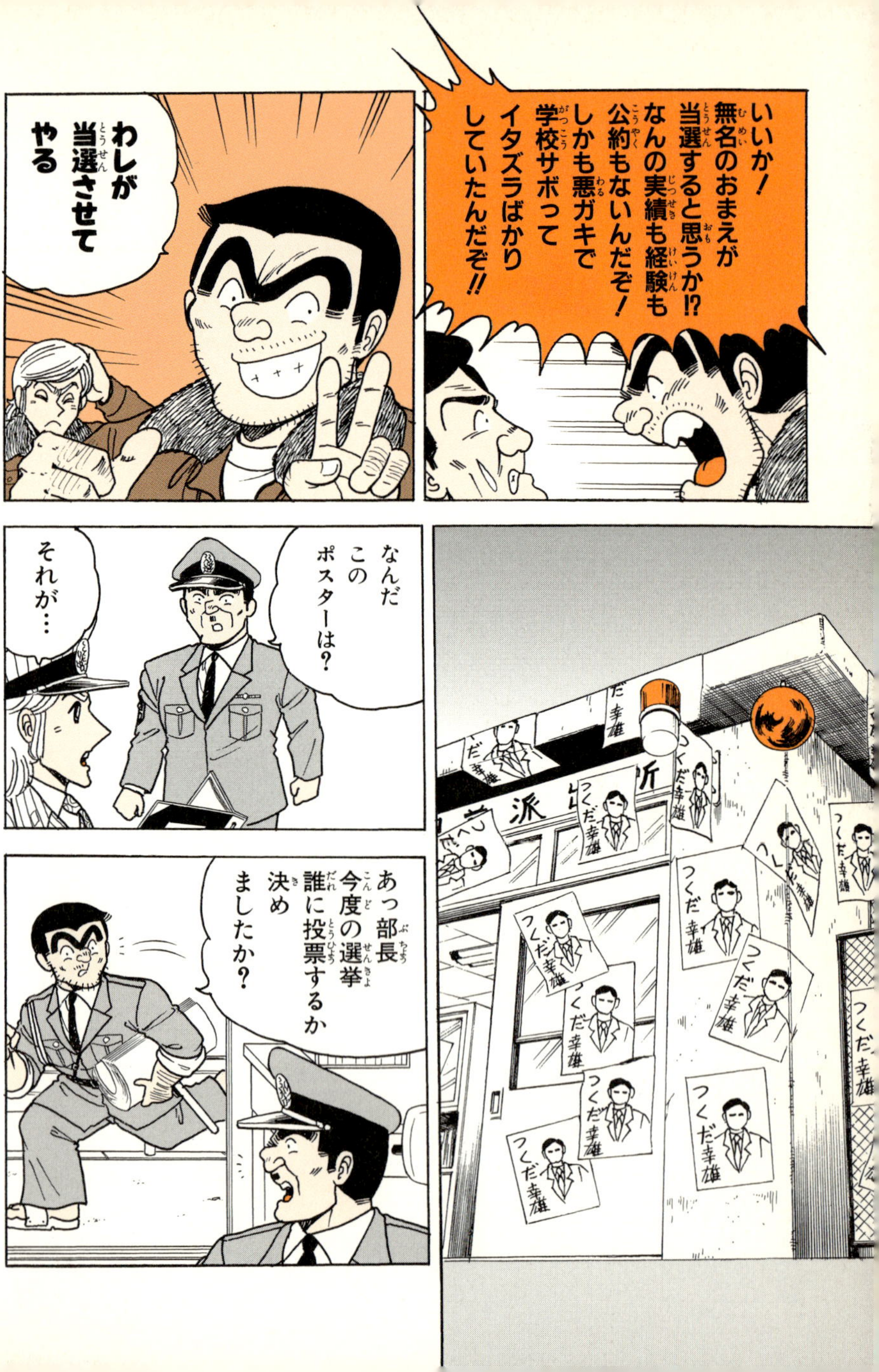
いいか! 無名《むめい》のおまえが当選《とうせん》すると思《おも》うか!? なんの実績《じっせき》も経験《けいけん》も公約《こうやく》もないんだぞ! しかも悪《わる》ガキで学校《がっこう》サボってイタズラばかりしていたんだぞ!!
わしが当選《とうせん》させてやる
つくだ幸雄
なんだこのポスターは?
それが…
あっ部長《ぶちょう》 今度《こんど》の選挙《せんきょ》 誰《だれ》に投票《とうひょう》するか決《き》めましたか?

両《りょう》さんメモ

国会議員《こっかいぎいん》は、国《くに》の費用《ひよう》で3人《にん》まで秘書《ひしょ》を雇《やと》うことができます（公設秘書《こうせつひしょ》）。その他《ほか》にも、議員《ぎいん》が自分《じぶん》のお金《かね》で秘書《ひしょ》を雇《やと》うこともできます（私設秘書《しせつひしょ》）。しかし、最近《さいきん》は秘書《ひしょ》に関《かか》わる金銭問題《きんせんもんだい》も多《おお》くなり、秘書制度《ひしょせいど》は見直《みなお》した方《ほう》がいいといわれています。

※選挙活動《せんきょかつどう》よりも仕事《しごと》をしろ!!
いいんですか そんなこと言《い》って! 当選《とうせん》したら国会議員《こっかいぎいん》ですよ
そしてわしは議員秘書《ぎいんひしょ》
たしか離《はな》れ小島《こじま》の派出所《はしゅつじょ》に空《あ》きがあったような… 部長《ぶちょう》にはそこに行《い》ってもらおうかな
どうせ両津《りょうつ》のことだ 金《かね》でもバラまいて選挙違反《せんきょいはん》で捕《つか》まるのがオチだ
票《ひょう》を入《い》れてくださいよ
お金《かね》を渡《わた》したり、家《いえ》を訪問《ほうもん》したりして、投票《とうひょう》をたのむのは違反《いはん》になる。
ははは そんなヘマはしませんよ
ふん 両津《りょうつ》の知《し》り合《あ》いが当選《とうせん》するもんか
でも部長《ぶちょう》…先輩《せんぱい》は顔《かお》が広《ひろ》いですよ
………

※実際《じっさい》には公務員《こうむいん》の選挙運動《せんきょうんどう》は禁《きん》じられています。

当選《とうせん》したら警官《けいかん》の給料《きゅうりょう》倍《ばい》にします
競馬《けいば》の配当《はいとう》を高《たか》くします ギャンブル推進《すいしん》!
警視庁葛飾警察
PACHINKO
有給休暇《ゆうきゅうきゅうか》を増《ふ》やす法律《ほうりつ》を!!
病院《びょういん》はタダにします!!
いいのか? こんな公約《こうやく》して!!
かまうもんか 当選《とうせん》してから考《かんが》えれば いいだろ
病院
つく
がんばれよー
両《りょう》さーん
だいぶ知名度《ちめいど》が上《あ》がってきたぞ
そうか?
つくだ幸
両《りょう》さーん
そして選挙《せんきょ》

選挙結果
東京○区
1 両津勘吉<無効>
当 2 葛飾はな子（無所属
3 亀有かめお（○○党
4 つくだ幸雄（○○党）
すずき
先輩《せんぱい》がトップ…?
なんで勘吉《かんきち》がトップなんだよ!?
ーそ…
先輩《せんぱい》のコネを使《つか》いすぎて先輩《せんぱい》が候補者《こうほしゃ》と思《おも》われたのかも
ようするに両《りょう》ちゃんが目立《め だ》ちすぎたわけね
両津《りょうつ》 離島《りとう》の派出所《はしゅつじょ》に空《あ》きがあると言《い》ってたな
部長《ぶちょう》ーーー!!

両《りょう》さんメモ

国会議員《こっかいぎいん》の給料《きゅうりょう》は月額《げつがく》約《やく》135万円《まんえん》。これにいろいろな手当《てあ》てがついて収入《しゅうにゅう》はかなり高額《こうがく》になります。またJR《ジェイアール》の無料《むりょう》パスが支給《しきゅう》されるなど、優遇《ゆうぐう》されているので、しっかりと良《よ》い政治《せいじ》をしてほしいですね。

立法《りっぽう》

法律《ほうりつ》を作《つく》ることができるのは国会《こっかい》だけ

国《くに》のただひとつの立法機関《りっぽうきかん》が国会《こっかい》だ
国民《こくみん》の代表《だいひょう》の国会議員《こっかいぎいん》が会議《かいぎ》するのが国会議事堂《こっかいぎじどう》だ
参議院《さんぎいん》
向《む》かって右《みぎ》が参議院《さんぎいん》左《ひだり》が衆議院《しゅうぎいん》

国会《こっかい》にはふたつの議院《ぎいん》(話《はな》し合《あ》いの場《ば》)があって同《おな》じことを二度話《にどはな》し合《あ》うのよ
国《くに》の大事《だいじ》なことを決《き》めるから慎重《しんちょう》に話《はな》し合《あ》うのね

ここかゆい!!
ここかい〜!!
こっかい〜
ボリ
ボ!!
国会《こっかい》!!
ちょっと苦《くる》しかったな……

の造《つく》り

衆議院《しゅうぎいん》と参議院《さんぎいん》のちがい

院《いん》	参議院《さんぎいん》	
人《にん》	242人《にん》	定数《ていすう》
上《じょう》	30歳以上《さいいじょう》	被選挙権《ひせんきょけん》
年《ねん》 ある)	6年《ねん》 (3年《ねん》ごとに半数《はんすう》を改選《かいせん》)	任期《にんき》
上《じょう》	20歳以上《さいいじょう》	選挙権《せんきょけん》

みを二院制《にいんせい》といいます。

国会議事堂《こっかいぎじどう》

国会《こっかい》は、東京都千代田区《とうきょうとちよだく》にある国会議事堂《こっかいぎじどう》で開《ひら》かれます。議事堂《ぎじどう》は、ほぼ左右対称《さゆうたいしょう》の構造《こうぞう》になっています。

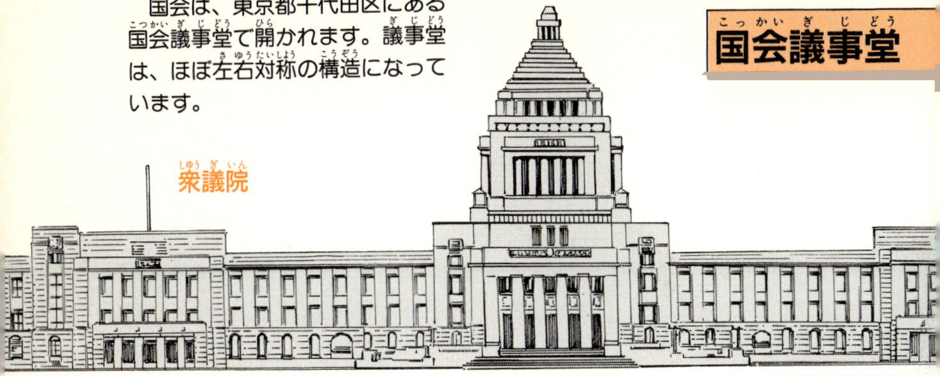
衆議院《しゅうぎいん》
衆議院正玄関《しゅうぎいんせいげんかん》
中央玄関《ちゅうおうげんかん》
参議院正玄関《さんぎいんせいげんかん》

中央玄関《ちゅうおうげんかん》は、国会《こっかい》の開会式《かいかいしき》と議員《ぎいん》の初登院《はつとういん》※の時《とき》、外国《がいこく》からの国賓《こくひん》を迎《むか》えた時《とき》だけ開《ひら》きます。

※国会《こっかい》に出席《しゅっせき》すること。

どちらの議員《ぎいん》も国民《こくみん》が直接《ちょくせつ》選挙《せんきょ》して選《えら》ぶんだよ

衆議院《しゅうぎいん》の優越《ゆうえつ》

衆議院《しゅうぎいん》と参議院《さんぎいん》で意見《いけん》が分《わ》かれてまとまらないと困《こま》るので、一定《いってい》の限度《げんど》で衆議院《しゅうぎいん》が優先《ゆうせん》されます。

任期《にんき》が短《みじか》く解散《かいさん》もある——衆議院《しゅうぎいん》の方《ほう》が国民《こくみん》の意見《いけん》を反映《はんえい》しやすいんだ

①法律案《ほうりつあん》に対《たい》する両院《りょういん》の意見《いけん》が分《わ》かれた時《とき》、衆議院《しゅうぎいん》で再度話《さいどはな》し合《あ》い、出席《しゅっせき》議員《ぎいん》の$\frac{2}{3}$以上《いじょう》が賛成《さんせい》すれば可決《かけつ》する。

②予算《よさん》の審議《しんぎ》を先《さき》にできる。

③内閣《ないかく》の総辞職《そうじしょく》を求《もと》められる。

④予算《よさん》・条約《じょうやく》、総理大臣《そうりだいじん》の指名《しめい》で、両院《りょういん》の意見《いけん》が違《ちが》う場合《ばあい》、衆議院《しゅうぎいん》の意見《いけん》が優先《ゆうせん》される。

衆議院《しゅうぎいん》と参議院《さんぎいん》で意見《いけん》が分《わ》かれた場合《ばあい》は衆議院《しゅうぎいん》の意見《いけん》が優先《ゆうせん》される議題《ぎだい》もある

衆議《しゅうぎ》
480
25歳以《さいい》
4 (解散《かいさん》が
20歳以《さいい》

ふたつの院《いん》があるしく

時《とき》は辞《や》めさせる

法律《ほうりつ》ができるまで

①法律案《ほうりつあん》を出《だ》す　国会議員《こっかいぎいん》 か 内閣《ないかく》

↓ 衆議院議長《しゅうぎいんぎちょう》に提出《ていしゅつ》

②衆議院《しゅうぎいん》で話《はな》し合《あ》う　委員会《いいんかい》 → 衆議院本会議《しゅうぎいんほんかいぎ》

↓ 衆議院本会議《しゅうぎいんほんかいぎ》で可決《かけつ》したら参議院議長《さんぎいんぎちょう》へ

③参議院《さんぎいん》で話《はな》し合《あ》う　委員会《いいんかい》 → 参議院本会議《さんぎいんほんかいぎ》

↓ 参議院本会議《さんぎいんほんかいぎ》で可決《かけつ》したら

法律《ほうりつ》ができる

参議院《さんぎいん》で否決《ひけつ》されたらもう一度《いちど》衆議院《しゅうぎいん》で話《はな》し合《あ》う

本会議《ほんかいぎ》と委員会《いいんかい》については62ページ。

法律案《ほうりつあん》は国会議員《こっかいぎいん》か内閣《ないかく》が出《だ》します。衆議院《しゅうぎいん》と参議院《さんぎいん》の両方《りょうほう》で賛成《さんせい》されると法律《ほうりつ》が成立《せいりつ》します。法律案《ほうりつあん》は、どちらの議院《ぎいん》に先《さき》に出《だ》してもかまいません。上《うえ》の図《ず》は、先《さき》に衆議院《しゅうぎいん》に出《だ》した場合《ばあい》をあらわしています。

国会《こっかい》の種類《しゅるい》

本会議《ほんかいぎ》のようす

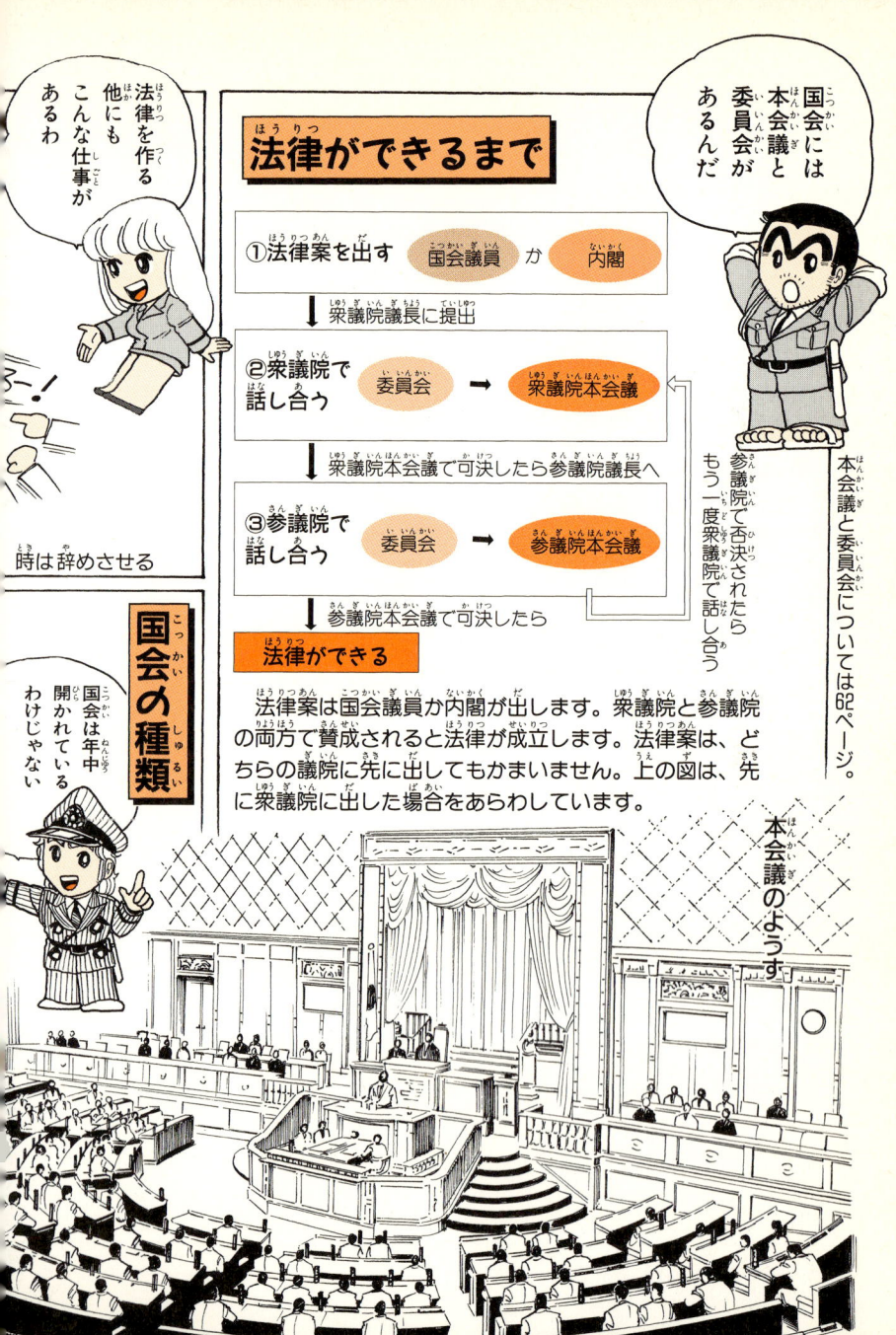

内閣総理大臣《ないかくそうりだいじん》を選《えら》ぶ

国会議員《こっかいぎいん》の中《なか》から
総理大臣《そうりだいじん》を選《えら》ぶ

条約《じょうやく》を承認《しょうにん》する

内閣《ないかく》が外国《がいこく》と結《むす》んだ条約《じょうやく》
(国《くに》と国《くに》の約束《やくそく》)を認《みと》める

弾劾裁判権《だんがいさいばんけん》

違反《いはん》などのあった
裁判官《さいばんかん》の裁判《さいばん》

予算《よさん》を決《き》める

国《くに》の予算《よさん》(お金《かね》の使《つか》い道《みち》)
を決《き》める

憲法改正《けんぽうかいせい》の発議《はつぎ》

憲法《けんぽう》を変《か》えたいと
国民《こくみん》に提案《ていあん》する

内閣不信任《ないかくふしんにん》

内閣《ないかく》の仕事《しごと》がよくない

こち亀《かめ》パトロール

国会《こっかい》が開《ひら》かれるには?

欠席者《けっせきしゃ》があまり多《おお》いと、会議《かいぎ》を開《ひら》いても意味《いみ》がないな。国会《こっかい》では、各議院《かくぎいん》とも総議員《そうぎいん》の$\frac{1}{3}$以上《いじょう》が出席《しゅっせき》しないと、話《はな》し合《あ》いの※議決《ぎけつ》ができないことになっているんだ。

通常国会《つうじょうこっかい》(常会《じょうかい》)	臨時国会《りんじこっかい》(臨時会《りんじかい》)	特別国会《とくべつこっかい》(特別会《とくべつかい》)
毎年《まいとし》1月中《がつちゅう》に召集《しょうしゅう》される。会期《かいき》は150日《にち》で主《おも》に予算《よさん》の話《はな》し合《あ》いをする。	内閣《ないかく》か、どちらかの議院《ぎいん》の総議員《そうぎいん》の$\frac{1}{4}$以上《いじょう》が必要《ひつよう》と判断《はんだん》すれば召集《しょうしゅう》される。	衆議院《しゅうぎいん》の解散総選挙《かいさんそうせんきょ》の日《ひ》から30日以内《にちいない》に召集《しょうしゅう》される。総理大臣《そうりだいじん》の指名《しめい》が中心《ちゅうしん》。

国会《こっかい》には上《うえ》のような種類《しゅるい》があります。解散《かいさん》による総選挙《そうせんきょ》ではなく、参議院議員《さんぎいんぎいん》の通常選挙《つうじょうせんきょ》、衆議院議員《しゅうぎいんぎいん》の任期《にんき》が終了《しゅうりょう》した時《とき》の総選挙後《そうせんきょご》は臨時国会《りんじこっかい》が開《ひら》かれ、総理大臣《そうりだいじん》が指名《しめい》されます。

※会議《かいぎ》で、話《はな》し合《あ》っていることがらについて賛否《さんぴ》を決《き》めること。

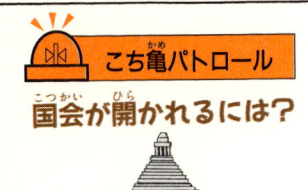

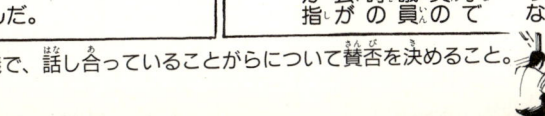

本会議《ほんかいぎ》と委員会《いいんかい》

国会《こっかい》には、両議院《りょうぎいん》にそれぞれ本会議《ほんかいぎ》と委員会《いいんかい》があります。本会議《ほんかいぎ》は議員全員《ぎいんぜんいん》の会議《かいぎ》です。

委員会《いいんかい》は常《つね》に設置《せっち》してある常任委員会《じょうにんいいんかい》と、必要《ひつよう》な時《とき》だけ設置《せっち》する特別委員会《とくべついいんかい》があります。常任委員会《じょうにんいいんかい》は、両議院《りょうぎいん》に各《かく》17ずつあります。

国会《こっかい》で議論《ぎろん》されるのは、国《くに》の行方《ゆくえ》を左右《さゆう》する重要《じゅうよう》なことばかりなので、テーマごとに委員会《いいんかい》を設《もう》けて、細《こま》かく調査《ちょうさ》します。

国会内《こっかいない》には
専門《せんもん》の分野《ぶんや》の
調査《ちょうさ》をする
委員会《いいんかい》が
あるよ

▲委員会《いいんかい》のようす

委員会《いいんかい》では、本会議《ほんかいぎ》で話《はな》し合《あ》う前《まえ》に、専門《せんもん》的《てき》な立場《たちば》で議題《ぎだい》を調査《ちょうさ》し、話《はな》し合《あ》います。

主《おも》な委員会《いいんかい》

議院運営委員会《ぎいんうんえいいいんかい》
国家基本政策委員会《こっかきほんせいさくいいんかい》
予算委員会《よさんいいんかい》
農林水産委員会《のうりんすいさんいいんかい》
環境委員会《かんきょういいんかい》
国土交通委員会《こくどこうつういいんかい》
法務委員会《ほうむいいんかい》
総務委員会《そうむいいんかい》
内閣委員会《ないかくいいんかい》
など

◆衆議院《しゅうぎいん》と参議院《さんぎいん》では委員会《いいんかい》の名前《なまえ》がちがうものもある。

国会議員《こっかいぎいん》は
みんな
いずれかの
委員会《いいんかい》に所属《しょぞく》
しているのよ

公聴会《こうちょうかい》とは?

委員会《いいんかい》で話《はな》し合《あ》いをしている時《とき》、特《とく》に重要《じゅうよう》なことを決《き》めるために、その問題《もんだい》にくわしい※人《ひと》などに話《はなし》を聞《き》きます。これが公聴会《こうちょうかい》で、予算《よさん》の話《はな》し合《あ》いの時《とき》は、必《かなら》ず開《ひら》きます。

※議員《ぎいん》ではない人《ひと》。

選挙《せんきょ》の時《とき》、政治家《せいじか》や政党《せいとう》が、※1有権者《ゆうけんしゃ》に対《たい》して「こういうことを実行《じっこう》します」などと約束《やくそく》するのが公約《こうやく》です。

私《わたし》が当選《とうせん》したら……

マニフェストって最近《さいきん》よく聞《き》くようになったわね

公約《こうやく》は政治家《せいじか》の大切《たいせつ》な約束《やくそく》だきちんと守《まも》られているかな？

今《いま》までの公約《こうやく》というと、住《す》みよい社会《しゃかい》を作《つく》るとか、雇用《こよう》を拡大《かくだい》するなど、あいまいでした。

そのあいまいさをなくし、目標《もくひょう》とする数値《すうち》や期限《きげん》を具体的《ぐたいてき》に示《しめ》して、政党《せいとう》が発表《はっぴょう》した政策《せいさく》を、マニフェストといいます。具体的《ぐたいてき》な分《ぶん》、守《まも》られたかどうか、わかりやすくなりますね。

公約守るぞ！

※1・20歳《さい》以上《いじょう》の選挙権《せんきょけん》を持《も》っている人《ひと》。

国会
内閣
法律案

こういう法律《ほうりつ》を作《つく》りたい、という法律案《ほうりつあん》は、国会議員《こっかいぎいん》と内閣《ないかく》が提出《ていしゅつ》できます。しかし、内閣《ないかく》が提出《ていしゅつ》するものがほとんどです。内閣《ないかく》が提出《ていしゅつ》するものに※2与党《よとう》はあまり反対《はんたい》せず、国会《こっかい》での審議《しんぎ》が形式的《けいしきてき》になってしまいます。

国民《こくみん》の代表《だいひょう》として国会議員《こっかいぎいん》にはがんばってほしいな

※2・政権《せいけん》を担当《たんとう》している政党《せいとう》。

政党《せいとう》とは？

同《おな》じ意見《いけん》や政策《せいさく》を持《も》つ人《ひと》の集《あつ》まりを政党《せいとう》という

○×党

政治《せいじ》について、同《おな》じような意見《いけん》を持《も》つ人々《ひとびと》の集団《しゅうだん》が政党《せいとう》です。

議会《ぎかい》に多《おお》くの※3議員《ぎいん》がいる政党《せいとう》は、議会《ぎかい》で強《つよ》い力《ちから》を持《も》つことができるので、各政党《かくせいとう》は党所属《とうしょぞく》の議員《ぎいん》を多《おお》く選挙《せんきょ》で当選《とうせん》させようと努《つと》めます。

※3・政党《せいとう》に所属《しょぞく》しない議員《ぎいん》もいます（無所属《むしょぞく》）。

選挙《せんきょ》の流《なが》れ

①公示《こうじ》：選挙《せんきょ》が行《おこな》われることが知《し》らされる。

よし!!
やるぞー!

公示《こうじ》
○月×日に選挙を行います!
国

出《で》：立候補《りっこうほ》する人《ひと》は
理《り》委員会《いいんかい》に届《とど》け出《で》る。

○×党公認
日本太郎

③選挙運動《せんきょうんどう》：候補者《こうほしゃ》は自分《じぶん》の考《かんが》えを有権者《ゆうけんしゃ》に伝《つた》える。

④投票《とうひょう》

：選挙管理委員会《せんきょかんりいいんかい》
数《かぞ》え、より多《おお》くの
めた人《ひと》が当選《とうせん》する。

選挙区制《せんきょくせい》は個人《こじん》に比例《ひれい》代表制《だいひょうせい》は政党《せいとう》に投票《とうひょう》する方法《ほうほう》よ

祝

選挙《せんきょ》

議員《ぎいん》を選《えら》ぶのが選挙《せんきょ》
日本《にほん》では20歳以上《さいいじょう》のすべての人《ひと》が選挙《せんきょ》に参加《さんか》できる

国会議員《こっかいぎいん》の選挙《せんきょ》には選挙区制《せんきょくせい》と比例代表制《ひれいだいひょうせい》があるぞ

1票《ぴょう》の格差《かくさ》

落選
?
5万票
当選
1万票

選挙区《せんきょく》には人口《じんこう》が多《おお》い所《ところ》と少《すく》ない所《ところ》ができてしまいます。人口《じんこう》の多《おお》い選挙区《せんきょく》の候補者《こうほしゃ》は、少《すく》ない選挙区《せんきょく》の候補者《こうほしゃ》よりも多《おお》くの票《ひょう》を集《あつ》めないと当選《とうせん》できません。これでは有権者《ゆうけんしゃ》の持《も》つ1票《ぴょう》の価値《かち》に差《さ》が出《で》てしまい、憲法《けんぽう》の平等《びょうどう》に反《はん》するといわれています。

現行《げんこう》の選挙《せんきょ》にはこんな問題《もんだい》があるんだ

選挙区制《せんきょくせい》

日本《にほん》をいくつかの選挙《せんきょ》区《く》に分《わ》け、選挙区《せんきょく》ごとに選挙《せんきょ》をする制度《せいど》です。
ひとつの選挙区《せんきょく》から1名《めい》だけを選《えら》ぶ小選挙区制《しょうせんきょくせい》と、2名以上《めいいじょう》選《えら》ぶ大選挙《だいせんきょ》区制《くせい》とがあります。

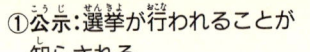

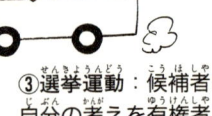

こち亀《かめ》パトロール

普通選挙《ふつうせんきょ》って？

今《いま》は20歳以上《さいいじょう》になれば、誰《だれ》でも選《せん》挙権《きょけん》を持《も》てるが、昔《むかし》はそうじゃなかったんだぜ。

選挙権《せんきょけん》のうつりかわり

1889年《ねん》	25歳《さい》以上《いじょう》の男子《だんし》で右《みぎ》のように税金《ぜいきん》を納《おさ》めている人《ひと》	税金《ぜいきん》を※15円《えん》以上《いじょう》納《おさ》めている人《ひと》
1900年《ねん》		税金《ぜいきん》を10円《えん》以上《いじょう》納《おさ》めている人《ひと》
1919年《ねん》		税金《ぜいきん》を3円《えん》以上《いじょう》納《おさ》めている人《ひと》
1925年《ねん》	25歳以上《さいいじょう》の男子《だんし》すべて	
1945年《ねん》	20歳以上《さいいじょう》の男女《だんじょ》すべて	

表《ひょう》のように、選挙《せんきょ》に参加《さんか》するには、性別《せいべつ》や税金《ぜいきん》の額《がく》などの制限《せいげん》があった。制限《せいげん》のない現在《げんざい》のような選挙《せんきょ》を普通《ふつう》選挙《せんきょ》というんだ。

※昔《むかし》と今《いま》では1円《えん》の価値《かち》がちがい1890年《ねん》の選挙《せんきょ》では、国民《こくみん》の約《やく》1％《パーセント》しか有権者《ゆうけんしゃ》はいなかった。

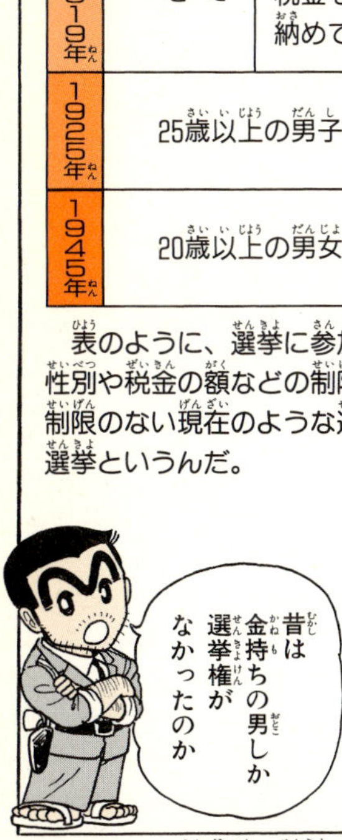
昔《むかし》は金持《かねも》ちの男《おとこ》しか選挙権《せんきょけん》がなかったのか

公正《こうせい》な選挙《せんきょ》を！

選挙《せんきょ》が公正《こうせい》に行《おこな》われるために、選挙《せんきょ》の規定《きてい》を定《さだ》めた公職選挙法《こうしょくせんきょほう》という法律《ほうりつ》があります。

選挙《せんきょ》の管理《かんり》は選挙管理委員会《せんきょかんりいいんかい》がすることや、選挙違反《せんきょいはん》になる行為《こうい》などが決《き》められています。

こんなことが選挙違反《せんきょいはん》だ！

候補者《こうほしゃ》が有権者《ゆうけんしゃ》にお金《かね》を渡《わた》し、票《ひょう》を入《い》れてくれるようにたのむ。

選挙区内《せんきょくない》で政治家《せいじか》が寄付《きふ》をする。

選挙違反《せんきょいはん》をした人《ひと》は、当選《とうせん》しても無効《むこう》になる。

選挙《せんきょ》は国民《こくみん》が政治《せいじ》に参加《さんか》できるチャンスだ 20歳《さい》になったら参加《さんか》しよう

比例代表制《ひれいだいひょうせい》

得票数《とくひょうすう》に応《おう》じて、政党《せいとう》が国会《こっかい》に送《おく》ることのできる議員数《ぎいんすう》が決《き》まります。
※政党名《せいとうめい》か、政党《せいとう》が出《だ》した名簿《めいぼ》にある個人名《こじんめい》を書《か》き、投票《とうひょう》します。

おねがいしまース

②届《とど》け
選挙管《せんきょかん》

投票箱

⑤開票《かいひょう》
が票《ひょう》を
票《ひょう》を集《あつ》

※これは参議院《さんぎいん》の選挙《せんきょ》の場合《ばあい》。衆議院《しゅうぎいん》の時《とき》は政党名《せいとうめい》だけを書《か》きます。

国会《こっかい》へ行《い》こう!!

国会《こっかい》の中《なか》を探検《たんけん》してみようぜ
国会議事堂《こっかいぎじどう》は国会《こっかい》の本会議開会中《ほんかいぎかいかいちゅう》以外《いがい》なら 見学《けんがく》ができるわよ
国会《こっかい》の審議《しんぎ》は10歳以上《さいいじょう》なら※傍聴《ぼうちょう》できるよ
今《いま》の議事堂《ぎじどう》は1936(昭和《しょうわ》11)年《ねん》に完成《かんせい》したよ

国会議事堂《こっかいぎじどう》
データ

1920(大正《たいしょう》9)年《ねん》 着工《ちゃっこう》
1936(昭和《しょうわ》11)年《ねん》 完成《かんせい》

議事堂《ぎじどう》のデザインは一般《いっぱん》から募集《ぼしゅう》されました。宮内省技手《くないしょうぎしゅ》の渡辺《わたなべ》福三《ふくぞう》の案《あん》に、修正《しゅうせい》を加《くわ》えて作《つく》られました。

※会議《かいぎ》などを当事者《とうじしゃ》でない者《もの》が、そばで聞《き》くこと。

見取図的に見《み》るとこんな感《かん》じだ
衆議院《しゅうぎいん》
衆議院正玄関《しゅうぎいんせいげんかん》
参議院《さんぎいん》
中央玄関《ちゅうおうげんかん》
参議院正玄関《さんぎいんせいげんかん》
向《む》かって右《みぎ》が参議院《さんぎいん》左《ひだり》が衆議院《しゅうぎいん》だったよね
普段《ふだん》は中央玄関《ちゅうおうげんかん》は使《つか》わずに左右《さゆう》の玄関《げんかん》が使《つか》われている
中央玄関《ちゅうおうげんかん》を入《はい》ると正面《しょうめん》に立派《りっぱ》な階段《かいだん》があるわ
正面階段《しょうめんかいだん》の上《うえ》には※御休所《ごきゅうしょ》があるの
おっじゅうたんが赤《あか》いぞ!!
※国会開会式《こっかいかいかいしき》の日《ひ》の天皇陛下《てんのうへいか》の控《ひか》え室《しつ》。

伊藤博文《いとうひろぶみ》
板垣退助《いたがきたいすけ》
大隈重信《おおくましげのぶ》
中央広間《ちゅうおうひろま》には有名《ゆうめい》な政治家《せいじか》の銅像《どうぞう》がある
政治《せいじ》は未完《みかん》だという意味《いみ》で、像《ぞう》のない台座《だいざ》が、ひとつあるのだといわれているぞ。
内装《ないそう》もすごく重厚《じゅうこう》歴史《れきし》が感《かん》じられるわね
4つめは台座《だいざ》だけわしの銅像《どうぞう》が乗《の》るか…?
らせん階段《かいだん》を登《のぼ》ると、議事堂《ぎじどう》の塔《とう》の先端部分《せんたんぶぶん》まで行《い》けるんだよ。
中央広間《ちゅうおうひろま》

参議院《さんぎいん》 衆議院《しゅうぎいん》の
玄関《げんかん》を入《はい》ると
議員《ぎいん》の
登院表示盤《とういんひょうじばん》が
ある

※委員会室《いいんかいしつ》や
政党《せいとう》の
控《ひか》え室《しつ》も
あるわ

登院盤《とういんばん》で自分《じぶん》の名前《なまえ》のボタンを押《お》すとランプがつき、登院《とういん》したことを示《しめ》すんだ。

国会《こっかい》には予算委員会《よさんいいんかい》など、両議院《りょうぎいん》に各《かく》17の常任委員会《じょうにんいいんかい》があるんだ。議員《ぎいん》はそれぞれの委員会《いいんかい》に分《わ》かれて、仕事《しごと》を分担《ぶんたん》しているぞ。

※参議院《さんぎいん》では委員会室《いいんかいしつ》、衆議院《しゅうぎいん》では委員室《いいんしつ》と呼《よ》んでいる。

参議院《さんぎいん》の
委員会室《いいんかいしつ》の
内部《ないぶ》は
こんな感《かん》じに
なっている

参議院第一委員会室《さんぎいんだいいちいいんかいしつ》

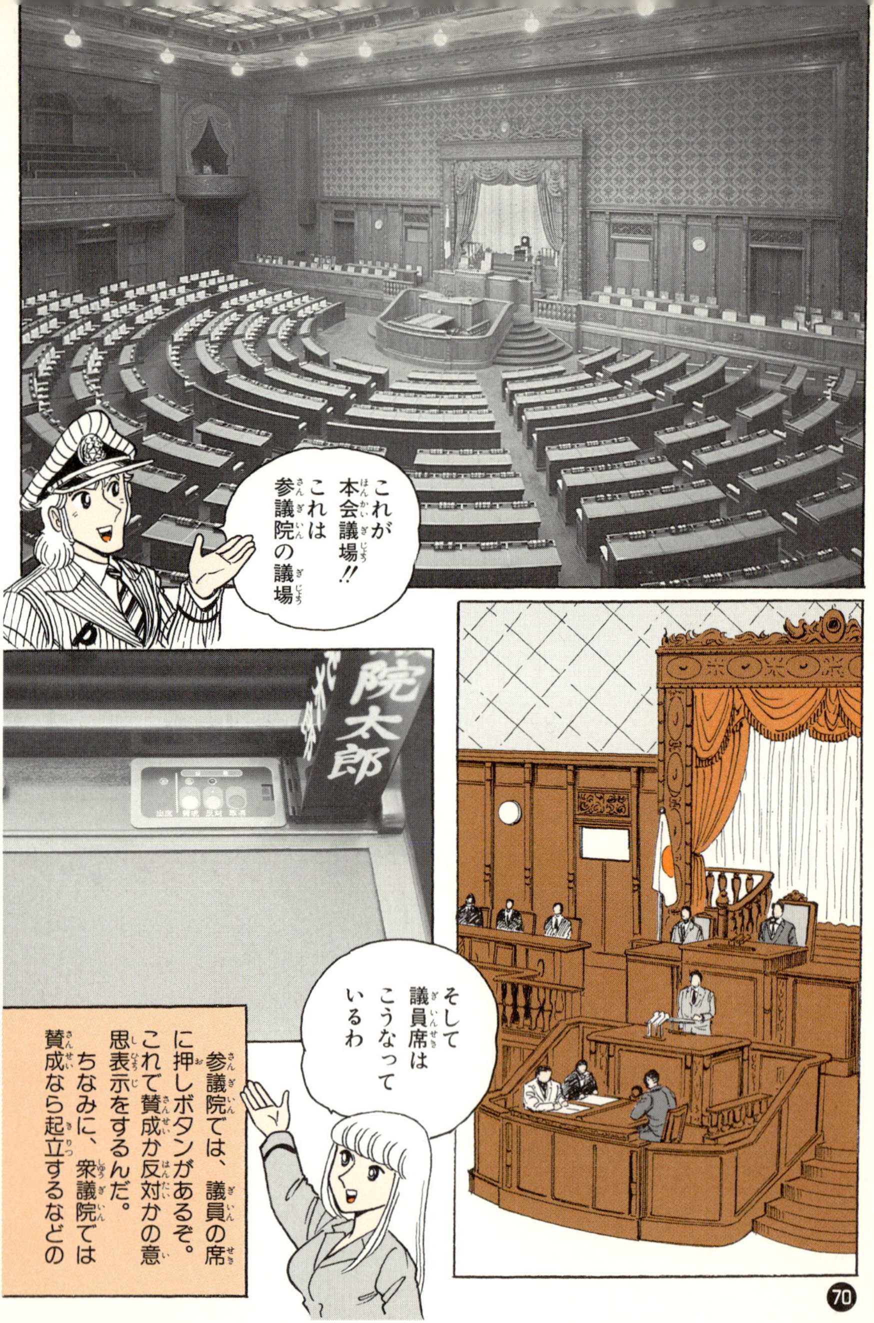
これが本《ほん》会《かい》議《ぎ》場《じょう》!!
これは参《さん》議《ぎ》院《いん》の議《ぎ》場《じょう》
そして議《ぎ》員《いん》席《せき》はこうなっているわ
院太郎
参《さん》議《ぎ》院《いん》では、議《ぎ》員《いん》の席《せき》に押《お》しボタンがあるぞ。これで賛《さん》成《せい》か反《はん》対《たい》かの意《い》思《し》表《ひょう》示《じ》をするんだ。
ちなみに、衆《しゅう》議《ぎ》院《いん》では賛《さん》成《せい》なら起《き》立《りつ》するなどの方法《ほうほう》が取《と》られる。

議員席《ぎいんせき》の上《うえ》に記者席《きしゃせき》や外交官席《がいこうかんせき》傍聴席《ぼうちょうせき》がある
天井《てんじょう》のステンドグラス
議事堂内《ぎじどうない》には食堂《しょくどう》も何《なん》か所《しょ》かあるんだ
議員食堂
国会弁当《こっかいべんとう》もあるぞ

●国会《こっかい》(参議院《さんぎいん》)見学《けんがく》の問《と》い合《あ》わせ先《さき》

☎03-5521-7445

国会議事堂《こっかいぎじどう》の裏《うら》には国会議員《こっかいぎいん》の事務所《じむしょ》が入《はい》った議員会館《ぎいんかいかん》がある
衆議院議員会館《しゅうぎいんぎいんかいかん》がふたつ、参《さん》議院議員会館《ぎいんぎいんかいかん》がひとつあります。国会議員《こっかいぎいん》になると、議員会館《ぎいんかいかん》のひと部屋《へや》を割《わ》り当《あ》てられます。
中《なか》には議員《ぎいん》の事務所《じむしょ》がズラリとならんでいるよ
部屋《へや》はあまり広《ひろ》くないね

地方《ちほう》の議員《ぎいん》さんが東京《とうきょう》に滞在《たいざい》する場所《ばしょ》が議員宿舎《ぎいんしゅくしゃ》よ
地方《ちほう》の議員《ぎいん》さんは国会《こっかい》のある東京《とうきょう》と地元《じもと》を行《い》き来《き》して大変《たいへん》ね

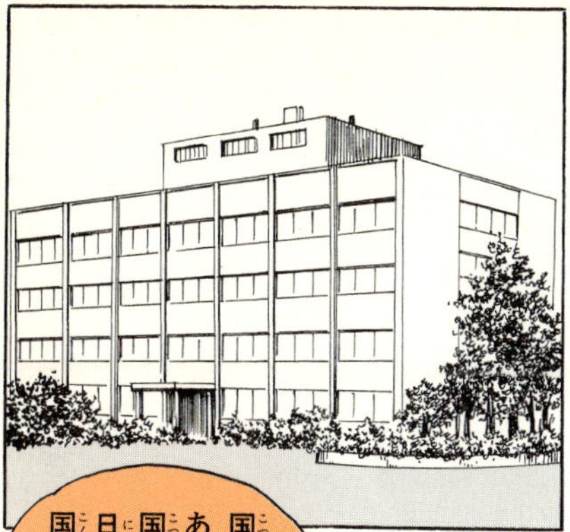

東京《とうきょう》に5か所宿舎《しょしゅくしゃ》があります。ひとり暮《ぐ》らし用《よう》から、家族向《かぞくむ》けの部屋《へや》まであります。

国会《こっかい》の管理下《かんりか》にある国会図書館《こっかいとしょかん》は日本唯一《にほんゆいいつ》の国立図書館《こくりつとしょかん》だ
国立国会図書館東京本館《こくりつこっかいとしょかんとうきょうほんかん》

ここには国内《こくない》で出版《しゅっぱん》された出版物《しゅっぱんぶつ》のほとんどが保存《ほぞん》されている
この本《ほん》もきっとあるぜ!!

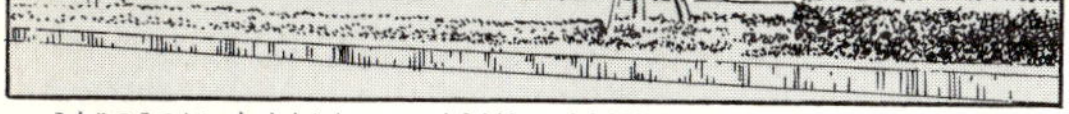
国立国会図書館関西館《こくりつこっかいとしょかんかんさいかん》

国立国会図書館《こくりつこっかいとしょかん》は、東京《とうきょう》の東京本館《とうきょうほんかん》と京都《きょうと》の関西館《かんさいかん》とがあります。800万冊《まんさつ》をこえる本《ほん》がありますが、満《まん》18歳以上《さいいじょう》の人《ひと》でないと入館《にゅうかん》できません。ただし、東京都台東区《とうきょうとたいとうく》にある国立国会図書館国際子《こくりつこっかいとしょかんこくさいこ》ども図書館《としょかん》は、子《こ》どもも利用《りよう》できます。

教《おし》えて！こち亀《かめ》相談室《そうだんしつ》 2

Q 昔《むかし》から二院制《にいんせい》？

日本《にほん》は初《はじ》めて議会《ぎかい》ができた時《とき》から、二院制《にいんせい》なのですか？

貴族院《きぞくいん》は一般《いっぱん》からの選挙《せんきょ》でなく選《えら》ばれる
エヘン

A 日本《にほん》ではずっと二院制《にいんせい》だ。昔《むかし》は衆議院《しゅうぎいん》と貴族院《きぞくいん》という二院《にいん》で、貴族院《きぞくいん》は皇族《こうぞく》や多額納税者《たがくのうぜいしゃ》などが議員《ぎいん》になった。

Q 国会《こっかい》での議決《ぎけつ》は？

国会《こっかい》での議決《ぎけつ》はどうやって決《き》まるのですか？

反対《はんたい》

Q 代議士《だいぎし》って？

国会議員《こっかいぎいん》のことを代議士《だいぎし》と呼《よ》ぶのを聞《き》いたことがあるのですが、代議士《だいぎし》ってなんですか？

代表

A 国民《こくみん》から選挙《せんきょ》で選《えら》ばれた人《ひと》が議会《ぎかい》で政治《せいじ》をする間接民主制《かんせつみんしゅせい》を代議制《だいぎせい》ともいうんだ。そこで、国民《こくみん》を代表《だいひょう》して政治《せいじ》をしている国会議員《こっかいぎいん》を代議士《だいぎし》と呼《よ》ぶ。もともとは衆議《しゅうぎ》院議員《いんぎいん》だけの呼《よ》び名《な》だったが、今《いま》は参議院議員《さんぎいんぎいん》にも使《つか》うな。

みんなの法律相談《ほうりつそうだん》

①CD《シーディー》をダビングして友《とも》だちにあげたら、法律違反《ほうりついはん》だと言《い》われました。本当《ほんとう》ですか？

法律も知らない人ってサイテー

●答《こた》え●

それは本当《ほんとう》に法律違反《ほうりついはん》です。著作《ちょさく》権法《けんほう》という法律《ほうりつ》があって、家庭内《かていない》で楽《たの》しむ以外《いがい》のダビングは禁止《きんし》されています。

②買《か》い物《もの》に行《い》ったら、おつりを多《おお》くもらいました。だまっていたら罪《つみ》ですか？

だめよー
もらっちまえよー
ドキ
ドキドキ

●答《こた》え●

おつりを多《おお》くもらったことをわかっていながら、だまっていると、罪《つみ》になりますよ！

Q 国《くに》の予算《よさん》は？

国会《こっかい》は予算《よさん》を決定《けってい》しますが、日本《にほん》は、どのようなことにお金《かね》を使《つか》っているのですか？

国《くに》のお金《かね》の使《つか》い道《みち》
(平成《へいせい》16年度《ねんど》予算《よさん》)

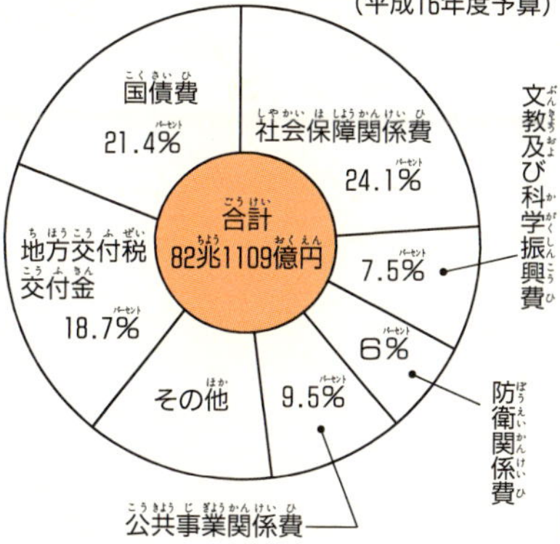
合計《ごうけい》
82兆《ちょう》1109億円《おくえん》
社会保障関係費《しゃかいほしょうかんけいひ》
24.1%《パーセント》
文教《ぶんきょう》及《およ》び科学《かがく》振興費《しんこうひ》
7.5%《パーセント》
防衛関係費《ぼうえいかんけいひ》
6%《パーセント》
公共事業関係費《こうきょうじぎょうかんけいひ》
9.5%《パーセント》
その他《ほか》
地方交付税《ちほうこうふぜい》
交付金《こうふきん》
18.7%《パーセント》
国債費《こくさいひ》
21.4%《パーセント》

(資料《しりょう》・平成《へいせい》16年度《ねんど》　財政関係資料集《ざいせいかんけいしりょうしゅう》)

A 一番《いちばん》お金《かね》を使《つか》っているのは、社会保障関係費《しゃかいほしょうかんけいひ》だ。地方《ちほう》への援助《えんじょ》のお金《かね》も多《おお》く使《つか》っているんだ。

A 賛成《さんせい》

国会《こっかい》での原則《げんそく》は多数決《たすうけつ》なんだ。特別《とくべつ》な時《とき》以外《いがい》は、出席《しゅっせき》した議員《ぎいん》の過半数《かはんすう》が賛成《さんせい》すると決《き》まるぞ。

しかし、多数《たすう》の意見《いけん》が正《ただ》しいとは限《かぎ》らないから、少数《しょうすう》の意見《いけん》にも耳《みみ》をかたむけないといけないな。

南先生《みなみせんせい》の社会科《しゃかいか》 2

立法《りっぽう》（国会《こっかい》）について

三権《さんけん》のうちの立法《りっぽう》を受《う》け持《も》つのが国会《こっかい》です。国会《こっかい》の最《もっと》も大《おお》きな仕事《しごと》は法律《ほうりつ》を作《つく》ることです。立法《りっぽう》とは法律《ほうりつ》を作《つく》ることなのです。

それにしても現在《げんざい》でもたくさんの法律《ほうりつ》があるのに、これ以上《いじょう》まだ作《つく》らなければならないのでしょうか。

それは、社会《しゃかい》のしくみや人々《ひとびと》の生活《せいかつ》が変《か》わり、困《こま》ったことが起《お》きるとそこには新《あたら》しいきまり（法律《ほうりつ》）が必要《ひつよう》になるからです。携帯電話《けいたいでんわ》が急激《きゅうげき》に普及《ふきゅう》してくると、それについても約束事《やくそくごと》が必要《ひつよう》になります。

また新《あたら》しく作《つく》るだけでなく、今《いま》ある法律《ほうりつ》を少《すこ》しだけ変《か》えることも必要《ひつよう》です。最近《さいきん》では「年金法改正《ねんきんほうかいせい》」ということばを聞《き》いた覚《おぼ》えはありませんか？

ところで法律《ほうりつ》は、誰《だれ》がどのようにして作《つく》っているのでしょうか。それは国民《こくみん》の代表《だいひょう》である国会議員《こっかいぎいん》が話《はな》し合《あ》って決《き》めています。その話《はな》し合《あ》いが国会《こっかい》です。テレビで国会中継《こっかいちゅうけい》を見《み》たことがありますか？

くわしい内容《ないよう》の作成《さくせい》や提案《ていあん》は国会議員《こっかいぎいん》だけではありませんが、話《はな》し合《あ》って決《き》めるのは国会議員《こっかいぎいん》です。

ときには激《はげ》しい議論《ぎろん》も行《おこな》われますが、法律《ほうりつ》は常識《じょうしき》とは異《こと》なり、日本中《にほんじゅう》のすべての人《ひと》が守《まも》らなければならない、重要《じゅうよう》な決《き》まりごとなのです。

その国会議員《こっかいぎいん》を決《き》めるのは国民《こくみん》です。二十歳以上《はたちいじょう》のすべての国民《こくみん》に、国会議員《こっかいぎいん》を決《き》める選挙権《せんきょけん》が与《あた》えられます。

選挙《せんきょ》は国民《こくみん》が政治《せいじ》に参加《さんか》する貴重《きちょう》な場《ば》であり、権利《けんり》でもあります。間接的《かんせつてき》ですが、実《じつ》は法律《ほうりつ》も、国民《こくみん》がみんなで作《つく》るということにもなります。

内閣《ないかく》

首相官邸《しゅしょうかんてい》

院《いん》の解散《かいさん》 →

大臣《だいじん》を選《えら》ぶ
総辞職要求《そうじしょくようきゅう》

国会《こっかい》

- 経済産業省《けいざいさんぎょうしょう》
- 農林水産省《のうりんすいさんしょう》
- 国土交通省《こくどこうつうしょう》

2004年《ねん》8月現在《がつげんざい》

三権《さんけん》のうち法律《ほうりつ》にしたがって実際《じっさい》に政治《せいじ》をする(行政《ぎょうせい》)のが内閣《ないかく》だ

内閣総理大臣《ないかくそうりだいじん》と総理大臣《そうりだいじん》が任命《にんめい》した国務大臣《こくむだいじん》からなっているの

行政《ぎょうせい》の最高責任者《さいこうせきにんしゃ》が内閣総理大臣《ないかくそうりだいじん》なんだ

内閣総理大臣《ないかくそうりだいじん》とは…

ボクが首相だね!
J党
M党
K党
S党

内閣総理大臣《ないかくそうりだいじん》は、国会議員《こっかいぎいん》の中《なか》から選《えら》ばれます。普通《ふつう》は、一番多《いちばんおお》くの国会議員《こっかいぎいん》のいる政党《せいとう》の党首《とうしゅ》が選《えら》ばれます。

議院内閣制《ぎいんないかくせい》

内閣《ないかく》と国会《こっかい》が強《つよ》いつながりを持《も》つしくみを議院内閣制《ぎいんないかくせい》といいます。

総理大臣《そうりだいじん》は国会《こっかい》議員《ぎいん》から選《えら》ぶ。

大臣《だいじん》の過半数《かはんすう》は国会議員《こっかいぎいん》から選《えら》ぶ。

不信任

衆議院《しゅうぎいん》は内閣《ないかく》が良《よ》くない時《とき》は、やめさせることができる。

国会《こっかい》と内閣《ないかく》は深《ふか》いつながりがあるんだ

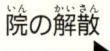

裁判所《さいばんしょ》

← 最高裁判所長官《さいこうさいばんしょちょうかん》の指名《しめい》

→ 憲法《けんぽう》や法律《ほうりつ》に違反《いはん》した政治《せいじ》の裁判《さいばん》

内閣《ないかく》

内閣総理大臣《ないかくそうりだいじん》と国務大臣《こくむだいじん》

衆議《しゅうぎ》

← 総理《そうり》
内閣《ないかく》

内閣官房《ないかくかんぼう》

- 内閣府《ないかくふ》
- 総務省《そうむしょう》
- 法務省《ほうむしょう》
- 財務省《ざいむしょう》
- 外務省《がいむしょう》
- 文部科学省《もんぶかがくしょう》
- 厚生労働省《こうせいろうどうしょう》
- 環境省《かんきょうしょう》

行政《ぎょうせい》のしくみは上《うえ》の図《ず》に2庁《ちょう》（国家公安委員会《こっかこうあんいいんかい》と防衛庁《ぼうえいちょう》）を加《くわ》えた、1府《ぷ》12省庁《しょうちょう》からなっている。

府《ふ》や省《しょう》の下《した》には、こんな役所《やくしょ》もあります。

国家公安委員会《こっかこうあんいいんかい》

防衛庁《ぼうえいちょう》　国税庁《こくぜいちょう》

公正取引委員会《こうせいとりひきいいんかい》

検察庁《けんさつちょう》　気象庁《きしょうちょう》　消防庁《しょうぼうちょう》

※1・内閣《ないかく》のことを政府《せいふ》ともいう。　※2・行政《ぎょうせい》の仕事《しごと》をするためのきまり。

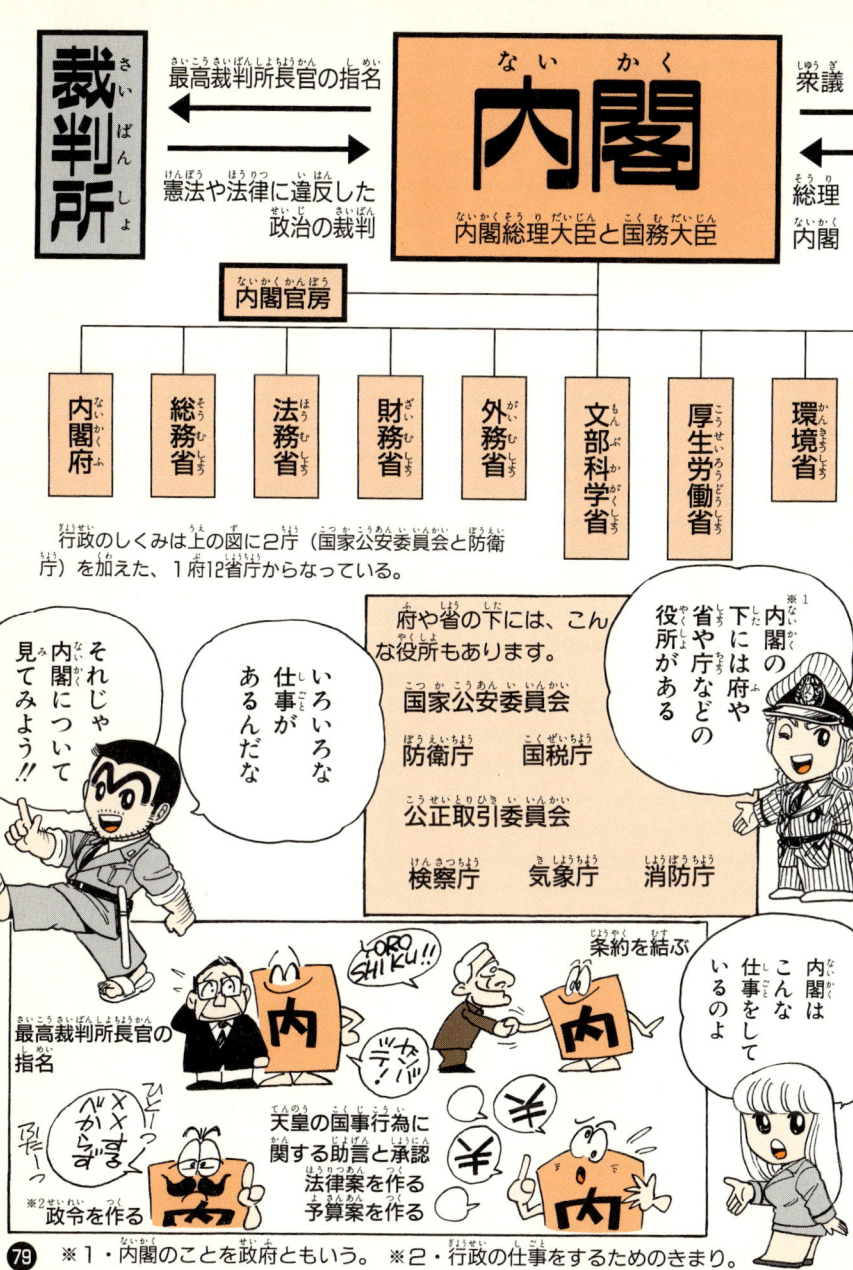

行政《ぎょうせい》
政治《せいじ》の道《みち》はきびしい?の巻《まき》
イラ
イラ
NOTE PC
うわぉ!! もう手《て》づまりだァ――っ
ゲーム作《づく》りがうまくいかないんですか?
まったく仕事中《しごとちゅう》にゲーム作《づく》りなんて…
たのまれたんだしかたないだろ
今度《こんど》はどんなゲームなんですか?

両《りょう》さんメモ

内閣《ないかく》は内閣総理大臣《ないかくそうりだいじん》と国務大臣《こくむだいじん》からなります。国務大臣《こくむだいじん》はたいてい省庁《しょうちょう》の長《ちょう》になりますが、そうでない大臣《だいじん》が置《お》かれることもあります。省庁《しょうちょう》の長にならない大臣《だいじん》を無任所大臣《むにんしょだいじん》といいます。

一般人《いっぱんじん》が内閣総理大臣《ないかくそうりだいじん》に上《のぼ》りつめていくゲームなんだがな
おもしろそうじゃないですか
でも両《りょう》ちゃん政治《せいじ》には全然興味《ぜんぜんきょうみ》ないじゃない
だから苦労《くろう》しているんだ
どのくらいできているんですか？
できているところまで見《み》せるから感想《かんそう》を聞《き》かせてくれ
まだ試作《しさく》なんでキャラは手近《てぢか》なメンバーで間《ま》に合《あ》わせている
総理の椅子
総理《そうり》の椅子《いす》

パン
来々軒
中華そば
これじゃ
RPG《アールピージー》じゃ
ないですか
ああ
総理大臣《そうりだいじん》を
中心《ちゅうしん》に各大臣《かくだいじん》が
パーティーを
組《く》んで冒険《ぼうけん》
するんだ
主人公《しゅじんこう》が総理《そうり》で
回復系《かいふくけい》が厚生大臣《こうせいだいじん》
食料集《しょくりょうあつ》めが
農林水産大臣《のうりんすいさんだいじん》
お金《かね》は大蔵大臣《おおくらだいじん》
…なんて感《かん》じだ
先輩《せんぱい》 古《ふる》いですよ
省庁再編《しょうちょうさいへん》が
あったので
厚生大臣《こうせいだいじん》や
大蔵大臣《おおくらだいじん》は今《いま》は
いません
内閣《ないかく》
内閣官房《ないかくかんぼう》
内閣府《ないかくふ》
総務省《そうむしょう》
法務省《ほうむしょう》
外務省《がいむしょう》
財務省《ざいむしょう》
文部科学省《もんぶかがくしょう》
厚生労働省《こうせいろうどうしょう》
経済産業省《けいざいさんぎょうしょう》
農林水産省《のうりんすいさんしょう》
国土交通省《こくどこうつうしょう》
環境省《かんきょうしょう》

モンスター――？
モンスターがあらわれた
▶総
外
野党議員《やとうぎいん》がモンスターですか!?
おう
裏金疑惑《うらがねぎわく》ショット
わいろ疑惑《ぎわく》ショット
なんですかこの攻撃《こうげき》は!?
こっちの攻撃《こうげき》は……
学歴詐称疑惑《がくれきさしょうぎわく》ショット
秘書給与疑惑《ひしょきゅうよぎわく》ショット
他《ほか》にも接待攻撃《せったいこうげき》や週刊誌《しゅうかんし》スマッシュなんかもあるぞ
野党《やとう》の党首《とうしゅ》をみんなたおしたらゲームクリア
先輩《せんぱい》マズイですよ
たしかにいろいろな事件《じけん》や疑惑《ぎわく》がありましたが議員《ぎいん》のほとんどはまじめな人《ひと》です

両《りょう》さんメモ

わいろとは、自分《じぶん》に有利《ゆうり》な状況《じょうきょう》にしてもらうため、力《ちから》を持《も》っている人《ひと》にお金《かね》や物《もの》を贈《おく》ることです。公務員《こうむいん》へのわいろは、贈《おく》った方《ほう》も贈《おく》られた方《ほう》も罪《つみ》になります。

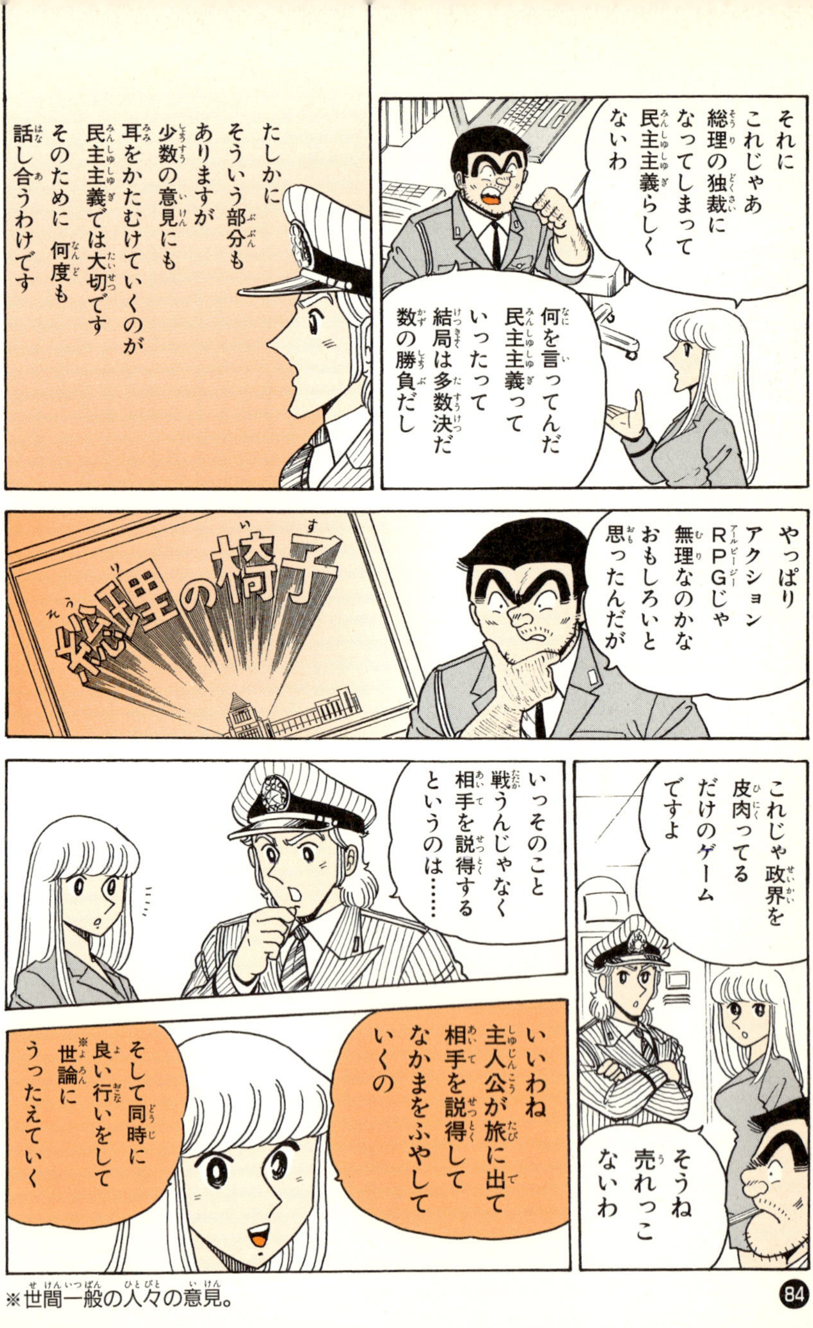
それにこれじゃあ総理《そうり》の独裁《どくさい》になってしまって民主主義《みんしゅしゅぎ》らしくないわ
何《なに》を言《い》ってんだ民主主義《みんしゅしゅぎ》っていったって結局《けっきょく》は多数決《たすうけつ》だ数《かず》の勝負《しょうぶ》だし
たしかにそういう部分《ぶぶん》もありますが少数《しょうすう》の意見《いけん》にも耳《みみ》をかたむけていくのが民主主義《みんしゅしゅぎ》では大切《たいせつ》ですそのために 何度《なんど》も話《はな》し合《あ》うわけです
やっぱりアクションRPG《アールピージー》じゃ無理《むり》なのかなおもしろいと思《おも》ったんだが
総理《そうり》の椅子《いす》
これじゃ政界《せいかい》を皮肉《ひにく》ってるだけのゲームですよ
そうね売《う》れっこないわ
いっそのこと戦《たたか》うんじゃなく相手《あいて》を説得《せっとく》するというのは……
いいわね主人公《しゅじんこう》が旅《たび》に出《で》て相手《あいて》を説得《せっとく》してなかまをふやしていくの
そして同時《どうじ》に良《よ》い行《おこな》いをして※世論《よろん》にうったえていく

※世間一般《せけんいっぱん》の人々《ひとびと》の意見《いけん》。

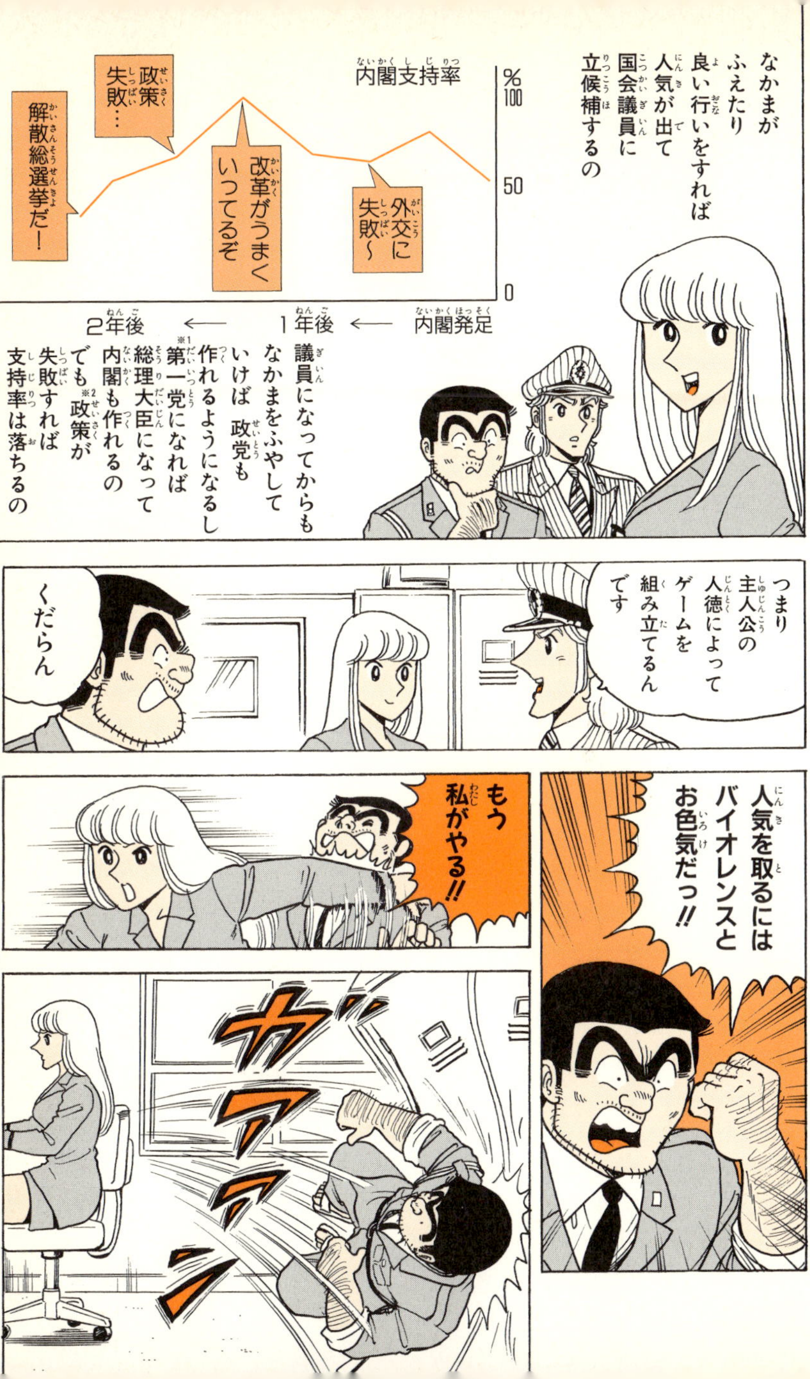

なかまが
ふえたり
良《よ》い行《おこな》いをすれば
人気《にんき》が出《で》て
国会議員《こっかいぎいん》に
立候補《りっこうほ》するの
内閣支持率《ないかくしじりつ》
%
100
50
0
内閣発足《ないかくほっそく》 ← 1年後《ねんご》 ← 2年後《ねんご》
外交《がいこう》に失敗《しっぱい》〜
改革《かいかく》がうまくいってるぞ
政策《せいさく》失敗《しっぱい》…
解散総選挙《かいさんそうせんきょ》だ!
議員《ぎいん》になってからもなかまをふやしていけば 政党《せいとう》も作《つく》れるようになるし
※1第一党《だいいっとう》になれば総理大臣《そうりだいじん》になって内閣《ないかく》も作《つく》れるの
でも※2政策《せいさく》が失敗《しっぱい》すれば支持率《しじりつ》は落《お》ちるの
つまり主人公《しゅじんこう》の人徳《じんとく》によってゲームを組《く》み立《た》ててるんです
くだらん
人気《にんき》を取《と》るにはバイオレンスとお色気《いろけ》だっ!!
もう私《わたし》がやる!!
ガァァン

※1・最《もっと》も議席数《ぎせきすう》が多《おお》い政党《せいとう》。※2・どんな政治《せいじ》をするかという考《かんが》え方《かた》や、やり方《かた》。

総理《そうり》になると適当《てきとう》な人材《じんざい》を大臣《だいじん》にふり分《わ》けて……
適材適所《てきざいてきしょ》の登用《とうよう》をしないと思《おも》った通《とお》りの結果《けっか》が出《で》ないの
いて
こら！わしのゲームだぞ!!
どうせならリアルに作《つく》りたいわね
おい こらっ そんなことしたらおもしろくないだろう!!
国民《こくみん》の声《こえ》に応《こた》えてうまく内閣《ないかく》を運営《うんえい》していかないと支持率《しじりつ》が下《さ》がるようにして
ボコ!
ぶっ
支持率《しじりつ》が下《さ》がると選挙《せんきょ》で負《ま》けたり内閣不信任案《ないかくふしんにんあん》が出《だ》されたり
北海道夫
埼玉子
群馬之介
福井蔵
場合《ばあい》によっては内閣総辞職《ないかくそうじしょく》や解散総選挙《かいさんそうせんきょ》になる

世論《よろん》の動《うご》きや流通《りゅうつう》や各省庁《かくしょうちょう》の仕事《しごと》のしかたなんかは父《ちち》の会社《かいしゃ》の情報部《じょうほうぶ》から取《と》りよせます
ホントすごくリアルな仕上《しあ》がりになるわ
いてて…
こらっわしの製作《せいさく》になるんだぞ!!売《う》れないもん作《つく》ってわしの顔《かお》に泥《どろ》をぬる気《き》か!?
それでここのプログラム…
こうして麗子《れいこ》と中川《なかがわ》のゲームは完成《かんせい》した
両津《りょうつ》の予想《よそう》に反《はん》しそのリアルな内容《ないよう》は専門家《せんもんか》の間《あいだ》で絶賛《ぜっさん》をあびた
総理の椅子
両津《りょうつ》はどうした!?
亀有公園前
それが…テレビに出《で》てます

朝から生テレビ
激論
明日の日本を考える!!
ゲストは先《さき》ごろ ゲーム"総理《そうり》の椅子《いす》"を発表《はっぴょう》された両津勘吉《りょうつかんきち》さんです
ずず
実《じつ》によくできたゲームでしたが……
ははは
あいつに政治《せいじ》のことがわかるのか?
日本国民《にほんこくみん》として政治《せいじ》に興味《きょうみ》を持《も》つのは当然《とうぜん》のことです
政治《せいじ》をよく監視《かんし》することによって我々《われわれ》は政治《せいじ》に参加《さんか》するわけですから
いっぱしの評論家《ひょうろんか》みたいなこと言《い》って
さすが両津《りょうつ》さん
政治《せいじ》への無関心《むかんしん》は政治《せいじ》をダメにするんです
両津《りょうつ》はまた休《やす》みか

両《りょう》さんメモ

ニュースでよく内閣官房長官《ないかくかんぼうちょうかん》が記者会見《きしゃかいけん》している姿《すがた》を見《み》かけませんか？　内閣官房長官《ないかくかんぼうちょうかん》は国務大臣《こくむだいじん》のひとりで、内閣《ないかく》の意見《いけん》などを報道機関《ほうどうきかん》に発表《はっぴょう》する役目《やくめ》を持《も》っているため、よくニュースで見《み》かけるのです。毎日《まいにち》2回《かい》、首相官邸《しゅしょうかんてい》で記者会見《きしゃかいけん》しています。

今日《きょう》は午前中《ごぜんちゅう》はテレビのゲスト出演《しゅつえん》午後《ごご》から大学《だいがく》で講演《こうえん》だそうです
すっかり政治評論家《せいじひょうろんか》
よく両津《りょうつ》につとまるな
先輩《せんぱい》は話《はなし》を合《あ》わせるのは得意《とくい》ですしお金《かね》になるんで猛勉強《もうべんきょう》したんです
諸君《しょくん》労働《ろうどう》ご苦労《くろう》さん
両津《りょうつ》!! また仕事《しごと》をサボって!!
すみませんねぇテレビやら講演《こうえん》やらで忙《いそが》しくって
今《いま》やわしは政治通《せいじつう》世論《よろん》の代弁者的《だいべんしゃてき》存在《そんざい》になってますからね
何《なに》よ!! 誰《だれ》のおかげだと思《おも》ってるの!?

あのゲームはわしの作品《さくひん》だ!! 製作《せいさく》・両津勘吉《りょうつかんきち》であって 麗子《れいこ》の名前《なまえ》は入《はい》ってもないぞ!! 麗子《れいこ》は勝手《かって》にいじっただけだろう
先生《せんせい》 この後《あと》 〝朝《あさ》まで生激論《なまげきろん》〟の出演《しゅつえん》が
わしは近《ちか》いうち政界《せいかい》の内幕《うちまく》をあばいた本《ほん》を出版《しゅっぱん》する予定《よてい》なんですよ
だから宣伝《せんでん》もかねてテレビ出演《しゅつえん》は大事《だいじ》にしていきませんとね
おまえに政治《せいじ》の本《ほん》が書《か》けるものか
ゴーストライターを用意《ようい》してます
今《いま》の先輩《せんぱい》の勢《いきお》いなら本《ほん》も売《う》れそうですね
両津先生
両津氏の政治ホームページ
実話ジャンプ
政治の達人 両津氏吠える!!
その後《ご》も両津《りょうつ》は精力的《せいりょくてき》に活動《かつどう》を続《つづ》けた

両《りょう》さんメモ

公務員《こうむいん》のうち、中央《ちゅうおう》の省庁《しょうちょう》や国立病院《こくりつびょういん》、裁判所《さいばんしょ》、検察庁《けんさつちょう》などで、国《くに》の仕事《しごと》を行《おこな》っている人《ひと》たちを国家公務員《こっかこうむいん》といいます。地方《ちほう》の役所《やくしょ》などで地方《ちほう》の仕事《しごと》をするのが地方公務員《ちほうこうむいん》です。公務員《こうむいん》になるには、試験《しけん》に合格《ごうかく》しなくてはいけません。

数日後《すうじつご》──
たのむこの通《とお》りだ!!
亀有公園前派出所
イヤよ
外国《がいこく》の政治《せいじ》まで勉強《べんきょう》できなかったんだ
どうしたんだ
総理《そうり》のゲームが好評《こうひょう》だったんで大統領版《だいとうりょうばん》を出《だ》してくれって言《い》われたんですよ
プッ
もうけの8割渡《わりわた》すから
何《なん》と言《い》われてもイヤよ製作者《せいさくしゃ》は両《りょう》ちゃんなんでしょ!!
結局《けっきょく》
※ウォーターゲートスマッシュ
両津《りょうつ》は信用《しんよう》をなくした

※1970年代《ねんだい》のアメリカの政治《せいじ》スキャンダル。

行政《ぎょうせい》

実際《じっさい》に政治《せいじ》をするのは内閣《ないかく》とその下《した》の役所《やくしょ》

次《つぎ》の球《たま》は内角《ないかく》高《たか》め……
あれっ？内閣《ないかく》だっけ

内閣《ないかく》と行政《ぎょうせい》のしくみを見《み》ていこう

内閣《ないかく》と行政《ぎょうせい》

内閣《ないかく》は、内閣総理大臣《ないかくそうりだいじん》と14人《にん》以内《いない》（必要《ひつよう》な場合《ばあい》は17人《にん》まで）の国務大臣《こくむだいじん》で構成《こうせい》されます。内閣《ない》は政府《せいふ》とも呼《よ》ばれ、その下《した》にさまざまな仕事《しごと》を受《う》け持《も》つ役所《やくしょ》があります。

内閣総理大臣《ないかくそうりだいじん》は自分《じぶん》の政策《せいさく》を実現《じつげん》できる内閣《ないかく》を作《つく》るの

総理大臣《そうりだいじん》と国務大臣《こくむだいじん》

国《くに》の政治《せいじ》を実際《じっさい》に進《すす》める行政《ぎょうせい》の最高機関《さいこうきかん》が内閣《ないかく》です。

総理大臣《そうりだいじん》の仕事《しごと》

- 政策《せいさく》を実現《じつげん》できそうな国務《こくむ》大臣《だいじん》を任命《にんめい》し、大臣《だいじん》の仕事《しごと》のしかたが悪《わる》ければ、やめさせることができる。
- 国務大臣《こくむだいじん》や各省《かくしょう》や庁《ちょう》の仕事《しごと》を監督《かんとく》し、指図《さしず》する。
- 閣議《かくぎ》を開《ひら》いて議長《ぎちょう》となる。
- 内閣《ないかく》の代表《だいひょう》として、予算《よさん》や法律案《ほうりつあん》を国会《こっかい》に提出《ていしゅつ》し、国《くに》の政治《せいじ》のようすを報告《ほうこく》する。

総理大臣《そうりだいじん》

総理大臣《そうりだいじん》や国務《こくむ》大臣《だいじん》は、文民《ぶんみん》でなくてはならないと、憲法《けんぽう》に書《か》いてあります。文民《ぶんみん》とは、軍人《ぐんじん》でない人《ひと》のことです。

閣議《かくぎ》とは？

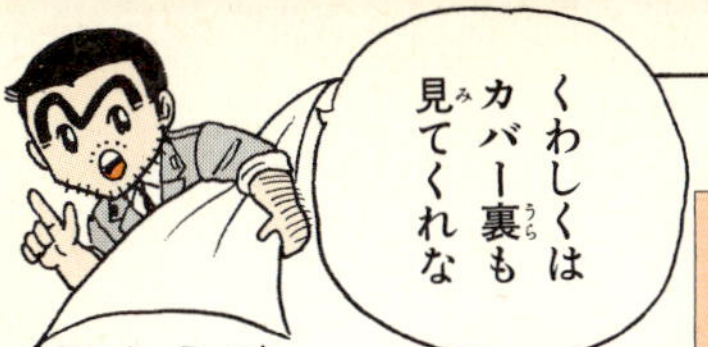
くわしくはカバー裏《うら》も見《み》てくれな

行政《ぎょうせい》のしくみ

内閣府《ないかくふ》
文部科学省《もんぶかがくしょう》
厚生労働省《こうせいろうどうしょう》
農林水産省《のうりんすいさんしょう》
経済産業省《けいざいさんぎょうしょう》
国土交通省《こくどこうつうしょう》
環境省《かんきょうしょう》
国家公安委員会《こっかこうあんいいんかい》
総務省《そうむしょう》
法務省《ほうむしょう》
外務省《がいむしょう》
財務省《ざいむしょう》
防衛庁《ぼうえいちょう》

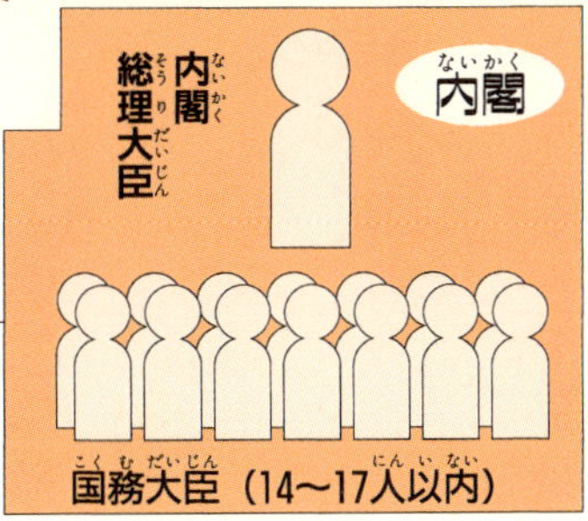
内閣《ないかく》
内閣《ないかく》総理大臣《そうりだいじん》
国務大臣《こくむだいじん》（14～17人以内《にんいない》）

国《くに》の行政事務《ぎょうせいじむ》を分担《ぶんたん》する役所《やくしょ》には、右《みぎ》のような1府《ぷ》12省庁《しょうちょう》があります。ここでは、国家《こっか》公務員《こうむいん》が働《はたら》いています。

議院内閣制《ぎいんないかくせい》

議会《ぎかい》(国会《こっかい》)と内閣《ないかく》が、深《ふか》い関係《かんけい》を持《も》っていることを※議院内閣制《ぎいんないかくせい》といいます。日本《にほん》は、総理大臣《そうりだいじん》が国会議員《こっかいぎいん》から選《えら》ばれるなど、国会《こっかい》と内閣《ないかく》の関係《かんけい》は深《ふか》くなっています。

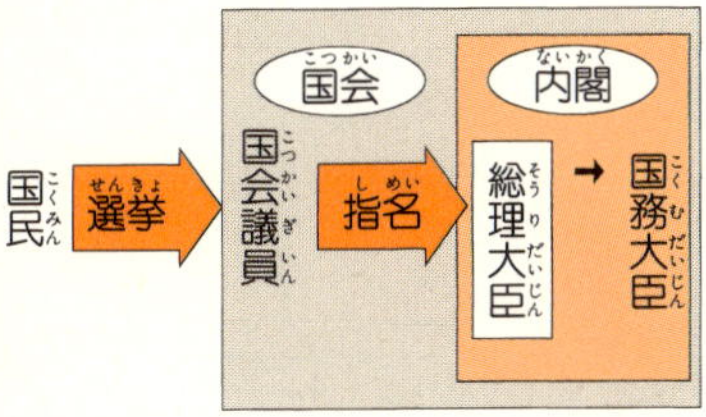
国民《こくみん》
選挙《せんきょ》
国会《こっかい》
国会議員《こっかいぎいん》
指名《しめい》
内閣《ないかく》
総理大臣《そうりだいじん》
国務大臣《こくむだいじん》

総理大臣《そうりだいじん》は、国会《こっかい》で多数《たすう》の議席《ぎせき》を占《し》めた党《とう》の党首《とうしゅ》がなることがほとんどで、国民《こくみん》は直接《ちょくせつ》、総理大臣《そうりだいじん》を選《えら》ぶことができません。

国会《こっかい》をもとに内閣《ないかく》が成《な》り立《た》っているんだね

※イギリスで生《う》まれた制度《せいど》。

国会議員《こっかいぎいん》でなくても国務大臣《こくむだいじん》になれるんだ

国務大臣《こくむだいじん》の過半数《かはんすう》は、国会議員《こっかいぎいん》から選《えら》ばれますが、国会議員《こっかいぎいん》でない人《ひと》でも、実績《じっせき》や得意分野《とくいぶんや》を生《い》かして国務大臣《こくむだいじん》になることができます。国務大臣《こくむだいじん》は各省庁《かくしょうちょう》の長《ちょう》として、行政《ぎょうせい》に関《かん》する事務《じむ》をとりまとめる役目《やくめ》をします。

民間人
国会議員
We are DAIJIN!!

総理大臣《そうりだいじん》と国務《こくむ》大臣全員《だいじんぜんいん》が、集《あつ》まってする会議《かいぎ》です。法律案《ほうりつあん》の決定《けってい》や予算案作成《よさんあんさくせい》などは、閣議《かくぎ》で決定《けってい》されます。

おもな役所《やくしょ》の仕事《しごと》を見《み》てみよう

国《くに》の行政《ぎょうせい》の事《じ》務《む》を行《おこな》う役所《やくしょ》は、1府《ぷ》12省庁《しょうちょう》があり、国家公務員《こっかこうむいん》が働《はたら》いています。

また、府《ふ》や省《しょう》に属《ぞく》している、ある程度独立《ていどどくりつ》した組織《そしき》の委員会《いいんかい》やその他《ほか》の庁《ちょう》もあります。この独立《どくりつ》した組織《そしき》は外局《がいきょく》と呼《よ》ばれます。庁《ちょう》の長官《ちょうかん》に、国務大臣《こくむだいじん》がなることもあります。

（色付きの枠）…おもな外局《がいきょく》

内閣府《ないかくふ》

総理大臣《そうりだいじん》を長《ちょう》として、内閣《ないかく》を助《たす》け、重要《じゅうよう》な政策《せいさく》の企画《きかく》・立案《りつあん》や仕事《しごと》の調整《ちょうせい》などを行《おこな》う機関《きかん》。

内閣《ないかく》の政策《せいさく》をまとめる仕事《しごと》ね 内閣府《ないかくふ》の外局《がいきょく》には次《つぎ》のようなものがあるわ

国家公安委員会《こっかこうあんいいんかい》
国務大臣《こくむだいじん》を長《ちょう》とする。警察《けいさつ》の最《さい》高機関《こうきかん》。警察庁《けいさつちょう》の管理《かんり》をする。

警察庁《けいさつちょう》
国家公安委員会《こっかこうあんいいんかい》の監督《かんとく》の下《もと》、広《ひろ》い地域《ちいき》にまたがる犯罪《はんざい》に対処《たいしょ》するため、都道《とどう》府県警察《ふけんけいさつ》の指揮監督《しきかんとく》をする（特別《とくべつ》な機関《きかん》）。

防衛庁《ぼうえいちょう》
長官《ちょうかん》は国務大臣《こくむだいじん》。自衛隊《じえいたい》を管理運営《かんりうんえい》し国《くに》の平和《へいわ》と独立《どくりつ》を守《まも》る。

金融庁《きんゆうちょう》
金融機関《きんゆうきかん》の監督《かんとく》をし、経済《けいざい》の安定《あんてい》をはかる。

宮内庁《くないちょう》
皇室関係《こうしつかんけい》の仕事《しごと》をする（特別《とくべつ》な機関《きかん》）。

総務省《そうむしょう》

総務大臣《そうむだいじん》を長《ちょう》として、国《くに》の基本的《きほんてき》なしくみを支《ささ》える。国民《こくみん》の生活《せいかつ》に関《かか》わる仕事《しごと》を多《おお》く担当《たんとう》。

消防庁《しょうぼうちょう》
消防《しょうぼう》や防災《ぼうさい》についての仕事《しごと》。

Digital

情報《じょうほう》・通信分野《つうしんぶんや》
放送《ほうそう》のデジタル化《か》の推進《すいしん》など

市
町
村

地方行政分野《ちほうぎょうせいぶんや》
市町村合併《しちょうそんがっぺい》の推進《すいしん》など

地方行政《ちほうぎょうせい》の監督《かんとく》や情報《じょうほう》・通信《つうしん》や選挙《せんきょ》などの仕事《しごと》がある

外務省《がいむしょう》

外務大臣《がいむだいじん》を長《ちょう》とし、外国《こく》との交渉《こうしょう》を担当《たんとう》。世界各国《かいかっこく》に大使館《たいしかん》を持《も》つ。

大使館

外国《がいこく》にいる日本人《にほんじん》を守《まも》る

外国《がいこく》の情報《じょうほう》を集《あつ》める

外国《がいこく》とのつき合《あ》いの窓口《まどぐち》になるのよ

法務省《ほうむしょう》

法務大臣《ほうむだいじん》を長《ちょう》として、戸籍《こせき》や国籍《こくせき》、法令案《ほうれいあん》の作成《さくせい》、刑務所《けいむしょ》指導《しどう》や人権《じんけん》を守《まも》る仕事《しごと》をする。

検察庁《けんさつちょう》

刑事事件《けいじじけん》で警察《けいさつ》の捜査後《そうさご》に捜査《そうさ》や起訴《きそ》などを行《おこな》う（特別《とくべつ》な機関《きかん》）。

出入国《しゅつにゅうこく》の審査《しんさ》

刑務所《けいむしょ》の指導《しどう》

人
権

人権《じんけん》を守《まも》る

文部科学省《もんぶかがくしょう》

文部科学大臣《もんぶかがくだいじん》を長《ちょう》として、教育《きょういく》、文化《ぶんか》、スポーツ、科学技術《かがくぎじゅつ》の発展《はってん》を目指《めざ》す。

国語
算数
理科
社会

小中学校《しょうちゅうがっこう》の教科書検定《きょうかしょけんてい》

スポーツの振興《しんこう》

OTA
KARA

文化庁《ぶんかちょう》

国宝《こくほう》などの保存《ほぞん》。

財務省《ざいむしょう》

財務大臣《ざいむだいじん》を長《ちょう》として、税金《ぜいきん》を集《あつ》めるなど、国《くに》の財政《ざいせい》に関《かか》わる仕事《しごと》。

国税庁《こくぜいちょう》

国《くに》に納《おさ》められる税金《ぜいきん》を集《あつ》める。

＋
－

国《くに》の予算《よさん》を作《つく》る

空港
国会ギジドー
etc..

国《くに》の財産《ざいさん》を管理《かんり》

密輸入《みつゆにゅう》の取《と》りしまり

紙幣《しへい》の印刷《いんさつ》もしているよ

厚生労働省《こうせいろうどうしょう》

厚生労働大臣《こうせいろうどうだいじん》を長《ちょう》として、国民《こくみん》の健康《けんこう》を守《まも》り、社会保障《しゃかいほしょう》をすすめる。労働問題《ろうどうもんだい》も担当《たんとう》。

社会保険庁《しゃかいほけんちょう》

年金《ねんきん》などの仕事《しごと》。

病気《びょうき》の予防《よぼう》

ハローワーク

仕事《しごと》の紹介《しょうかい》

医療《いりょう》や社会保障《しゃかいほしょう》などを担当《たんとう》しているぞ

環境省《かんきょうしょう》

環境大臣《かんきょうだいじん》を長《ちょう》として、公害《こうがい》の対策《たいさく》や自然環《しぜんかん》境《きょう》の保護《ほご》を担当《たんとう》。

廃棄物対策《はいきぶつたいさく》

農林水産省《のうりんすいさんしょう》

農林水産大臣《のうりんすいさんだいじん》を長《ちょう》として、農林水産業《のうりんすいさんぎょう》の振興《しんこう》と、安全《あんぜん》な食料供給《しょくりょうきょうきゅう》を目標《もくひょう》とする。

農林水産業《のうりんすいさんぎょう》の働《はたら》き手《て》の育成《いくせい》

食品《しょくひん》の品質改善《ひんしつかいぜん》

備《び》蓄《ちく》米《まい》

不作《ふさく》にそなえての蓄《たくわ》え

税金《ぜいきん》

私《わたし》たちの暮《く》らしを支《ささ》えるための政治《せいじ》には、お金《かね》がかかります。例《たと》えば、道路《どうろ》を造《つく》ったり、学校《がっこう》を作《つく》ったり、そのための大《おお》きな財源《ざいげん》になるのが、税金《ぜいきん》です。

国《くに》に納《おさ》める国税《こくぜい》と地方《ちほう》に納《おさ》める地方税《ちほうぜい》があるのか

国税《こくぜい》	所得税《しょとくぜい》　法人税《ほうじんぜい》　相続税《そうぞくぜい》など	直接税《ちょくせつぜい》
	消費税《しょうひぜい》　酒税《しゅぜい》など	間接税《かんせつぜい》
地方税《ちほうぜい》	都道府県税《とどうふけんぜい》　市町村税《しちょうそんぜい》など	直接税《ちょくせつぜい》
	たばこ税《ぜい》など	間接税《かんせつぜい》

税金《ぜいきん》は国民《こくみん》（個人《こじん》・企業《きぎょう》）が納《おさ》めているのよ

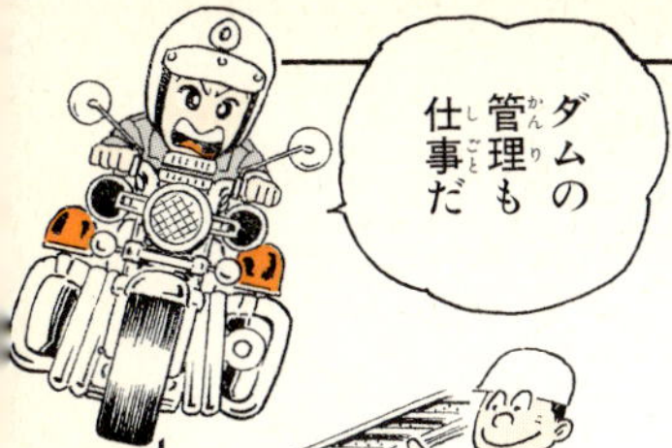
ダムの管理《かんり》も仕事《しごと》だ

国土交通省《こくどこうつうしょう》

国土交通大臣《こくどこうつうだいじん》を長《ちょう》として、川《かわ》や道路《どうろ》の整備《せいび》や公共事業《こうきょうじぎょう》を担当《たんとう》。

気象庁《きしょうちょう》

天気《てんき》の観測《かんそく》、地震《じしん》、火《か》山活動《ざんかつどう》などの情報提供《じょうほうていきょう》。

都市《とし》の緑化《りょくか》

鉄道《てつどう》の整備《せいび》

※測量《そくりょう》や地図《ちず》の作成《さくせい》

※国土交通省《こくどこうつうしょう》に属《ぞく》する国土地理院《こくどちりいん》が担当《たんとう》する。

経済産業省《けいざいさんぎょうしょう》

経済産業大臣《けいざいさんぎょうだいじん》を長《ちょう》として、産業《さんぎょう》の振興《しんこう》や貿易《ぼうえき》の調整《ちょうせい》などを担当《たんとう》。

特許

資源《しげん》エネルギー庁《ちょう》

エネルギー問題《もんだい》を担当《たんとう》。

特許庁《とっきょちょう》

発明《はつめい》などの成果《せいか》を保《ほ》護《ご》し、産業《さんぎょう》の発展《はってん》に生《い》かす。

ECO

環境《かんきょう》を守《まも》る技術《ぎじゅつ》の開発《かいはつ》

野生生物《やせいせいぶつ》の保護《ほご》

税金《ぜいきん》はこのように使《つか》われる！

国《くに》や地方自治体《ちほうじちたい》の使《つか》うお金《かね》は、ほとんどが税金《ぜいきん》として集《あつ》められたものです。ここにあげた使《つか》い道《みち》は、ほんの一部《いちぶ》です。

学校《がっこう》の備品《びひん》を買《か》う

道路《どうろ》や橋《はし》の建設《けんせつ》

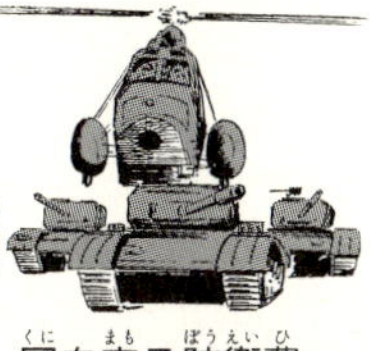

国《くに》を守《まも》る防衛費《ぼうえいひ》

わしらのお金《かね》が使《つか》われている！
大切《たいせつ》に使《つか》えよ!!

税金《ぜいきん》を負担《ふたん》する人《ひと》が直接《ちょくせつ》納《おさ》める税金《ぜいきん》を直接税《ちょくせつぜい》といい、負担《ふたん》する人《ひと》と納《おさ》める人《ひと》がちがう税金《ぜいきん》を間接税《かんせつぜい》といいます。

消費税《しょうひぜい》を負担《ふたん》するのは買《か》い物《もの》をしたみなさんですが、税務署《ぜいむしょ》に納《おさ》めるのはお店《みせ》の人《ひと》です。これが間接税《かんせつぜい》のしくみです。

税務署《ぜいむしょ》
消費税
代金＋消費税
品物

お店《みせ》の人《ひと》（消費税《しょうひぜい》を納《おさ》める）

買《か》い物《もの》をする人《ひと》（消費税《しょうひぜい》を負担《ふたん》する）

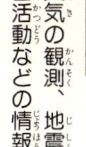

国民《こくみん》の持《も》つ人間《にんげん》らしく生《い》きる権利《けんり》を守《まも》るのも行政《ぎょうせい》の仕事《しごと》だ

社会保障《しゃかいほしょう》

①の社会保険《しゃかいほけん》には次《つぎ》の4つがあります。

❶医療保険《いりょうほけん》
ケガや病気《びょうき》の時《とき》のための保険《ほけん》。民間《みんかん》の会社《かいしゃ》で働《はたら》く人《ひと》の健康保険《けんこうほけん》と、自営業《じえいぎょう》の人《ひと》の国民健康保険《こくみんけんこうほけん》、公務員《こうむいん》の共済組合《きょうさいくみあい》がある。

❷雇用保険《こようほけん》
失業《しつぎょう》して仕事《しごと》がなくなった時《とき》にそなえる保険《ほけん》。

国民健康保険被保険者証
健康保険
被保険者証

①社会保険《しゃかいほけん》
ケガや病気《びょうき》、失業《しつぎょう》などで働《はたら》けない場合《ばあい》、保険金《ほけんきん》がもらえる。

②公的扶助《こうてきふじょ》
生活《せいかつ》に困《こま》っている人《ひと》を助《たす》け、自立《じりつ》を助《たす》ける。
生活扶助《せいかつふじょ》・教育扶助《きょういくふじょ》・住宅扶助《じゅうたくふじょ》・介護扶助《かいごふじょ》などの生活保護《せいかつほご》。

③社会福祉《しゃかいふくし》
児童《じどう》や、老人《ろうじん》、障害者《しょうがいしゃ》などを援助《えんじょ》する。

④公衆衛生《こうしゅうえいせい》
病気《びょうき》の予防対策《よぼうたいさく》や上下水道《じょうげすいどう》の整備《せいび》や公害対策《こうがいたいさく》などをする。

種類《しゅるい》が多《おお》く複雑《ふくざつ》だという批判《ひはん》もあるわ未納《みのう》も問題《もんだい》ね

金融政策《きんゆうせいさく》の中心《ちゅうしん》は日本銀行《にほんぎんこう》だよ三《みっ》つの大《おお》きな仕事《しごと》があるんだ

日本銀行《にほんぎんこう》

日本銀行《にほんぎんこう》は、千円札《せんえんさつ》や1万円札《まんえんさつ》などの紙幣《しへい》を発行《はっこう》します（発券銀行《はっけんぎんこう》）。
国民《こくみん》から集《あつ》めた国税《こくぜい》など、政府《せいふ》の資金《しきん》を預《あず》かるのも大《おお》きな仕事《しごと》です（政府《せいふ》の銀行《ぎんこう》）。
また民間《みんかん》の銀行《ぎんこう》からお金《かね》を預《あず》かったり、反対《はんたい》にお金《かね》を貸《か》し付《つ》けたりします（銀行《ぎんこう》の銀行《ぎんこう》）。
日本銀行《にほんぎんこう》は、こうした仕事《しごと》を通《つう》じて日本《にほん》の経済《けいざい》が安定《あんてい》するように努《つと》めているのです。

③年金《ねんきん》保険《ほけん》
年《とし》をとったり、病気《びょうき》や死亡《しぼう》した時《とき》にそなえる保険《ほけん》。民間《みんかん》の会社《かいしゃ》で働《はたら》く人《ひと》の厚生年金《こうせいねんきん》と、国民全員《こくみんぜんいん》共通《きょうつう》の国民年金《こくみんねんきん》がある。

④労働者災害補償保険《ろうどうしゃさいがいほしょうほけん》
仕事中《しごとちゅう》にケガしたり死亡《しぼう》した時《とき》にそなえる保険《ほけん》。

年金手帳

保険料《ほけんりょう》は国民《こくみん》が負担《ふたん》しなくてはなりませんが、未納《みのう》者《しゃ》が増《ふ》えています。国会議員《こっかいぎいん》の年金《ねんきん》未納《みのう》も多《おお》く、問題《もんだい》になりました。

銀行《ぎんこう》の銀行《ぎんこう》だ

行政改革《ぎょうせいかいかく》

お金《かね》がかかりすぎるとか省庁同士《しょうちょうどうし》の横《よこ》のつながりがないとか行政《ぎょうせい》の問題《もんだい》は多《おお》くある

◆行政組織《ぎょうせいそしき》の改革《かいかく》

これまでの行政《ぎょうせい》（役所《やくしょ》やその仕事《しごと》）のやり方《かた》を、良《よ》いものに変《か》えていこうというのが行政《ぎょうせい》改革《かいかく》です。

●民営化《みんえいか》
今《いま》まで国《くに》が行《おこな》ってきた事業《じぎょう》を、民間《みんかん》にまかせるのが民営化《みんえいか》。郵便《ゆうびん》や高速道路《こうそくどうろ》などが民営《みんえい》化《か》する事業《じぎょう》の候補《こうほ》。

よっ
事業
民間
国

●公務員制度《こうむいんせいど》の改革《かいかく》
行政《ぎょうせい》を仕切《しき》っているのは一部《いちぶ》の国家公務員《こっかこうむいん》（官僚《かんりょう》）だと批判《ひはん》も多《おお》かった。採用試験《さいようしけん》の見直《みなお》しなどが検討《けんとう》されている。

税金《ぜいきん》による収入《しゅうにゅう》だけでお金《かね》が足《た》りない時《とき》、国《くに》は国債《こくさい》という※債券《さいけん》を発行《はっこう》します。国債《こくさい》を国民《こくみん》に買《か》ってもらい、そのお金《かね》を政治《せいじ》に利用《りよう》するのです。これは国《くに》の国民《こくみん》に対《たい》する借金《しゃっきん》で、返《かえ》さなくてはなりません。

一口で
お願いします!
国
国債
国民
借金

※お金《かね》を借《か》りたことを示《しめ》す借用書《しゃくようしょ》。

総理大臣《そうりだいじん》の仕事《しごと》

日本《にほん》の行政《ぎょうせい》のトップに立《た》つ内閣総理大臣《ないかくそうりだいじん》の生活《せいかつ》や仕事《しごと》を見《み》てみよう
総理大臣《そうりだいじん》が仕事《しごと》をするのが首相官邸《しゅしょうかんてい》よ 総理大臣《そうりだいじん》のことを首相《しゅしょう》というの
旧首相官邸《きゅうしゅしょうかんてい》
新官邸《しんかんてい》のとなりに移《うつ》し、公邸《こうてい》に改築《かいちく》します。
首相官邸《しゅしょうかんてい》
総理大臣《そうりだいじん》が普段生活《ふだんせいかつ》しているのが首相公邸《しゅしょうこうてい》だよ 官邸《かんてい》のとなりにあるんだ
緊急《きんきゅう》の時《とき》はすぐに官邸《かんてい》にかけつけるんだ
現在《げんざい》の官邸《かんてい》は、2002年《ねん》4月《がつ》から使用《しよう》されています。

大《おお》きな災害《さいがい》や事件《じけん》に対応《たいおう》する危機管理《ききかんり》センターもあるんだよ

現在《げんざい》の首相官邸《しゅしょうかんてい》は、地上《ちじょう》5階《かい》、地下《ちか》1階建《かいだ》てで、会議《かいぎ》やパーティーのできる施設《しせつ》があります。国会議事堂《こっかいぎじどう》の近《ちか》くにあります。

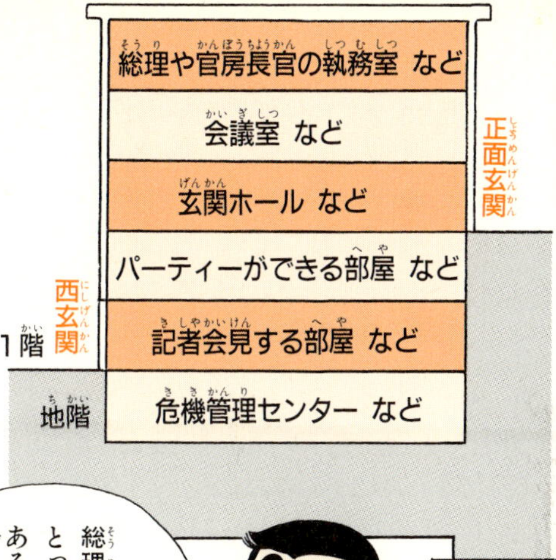
総理《そうり》や官房長官《かんぼうちょうかん》の執務室《しつむしつ》 など
会議室《かいぎしつ》 など
玄関《げんかん》ホール など
パーティーができる部屋《へや》 など
記者会見《きしゃかいけん》する部屋《へや》 など
危機管理《ききかんり》センター など
正面玄関《しょうめんげんかん》
西玄関《にしげんかん》
1階《かい》
地階《ちかい》

総理大臣《そうりだいじん》はとても忙《いそが》しい! ある日《ひ》の行動《こうどう》を追《お》いかけてみよう

アイム ソーリー
総理

8:30 A.M.《エー エム》
首相公邸《しゅしょうこうてい》から首相官邸《しゅしょうかんてい》に出勤《しゅっきん》だー

9:00 A.M.《エー エム》
閣議《かくぎ》を開《ひら》いて大臣《だいじん》たちと話《はな》し合《あ》うぞ

他《ほか》にも午前中《ごぜんちゅう》に……
・国会《こっかい》が開《ひら》いている期間《きかん》は、本会議《ほんかいぎ》や委員会《いいんかい》に出席《しゅっせき》する。
・役所《やくしょ》の人《ひと》などから報告《ほうこく》や話《はなし》を聞《き》いたり、海外《かいがい》からのお客《きゃく》さんと会《あ》ったりする。
やることが、たくさんあるな。

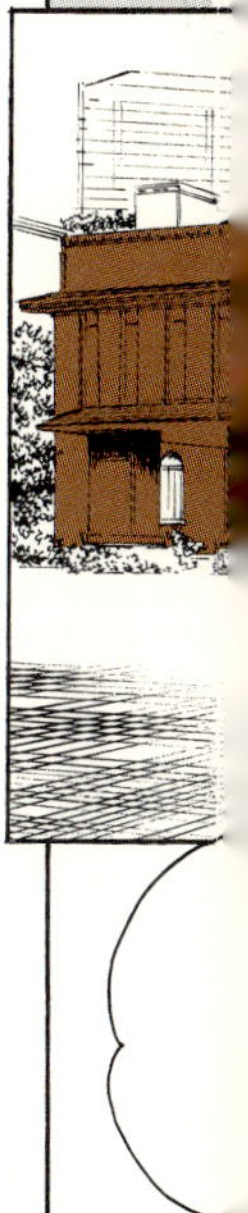

つづく

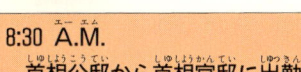

0:00 P.M.《ピーエム》

昼食《ちゅうしょく》。打《う》ち合《あ》わせしながら食《た》べたり、お客《きゃく》さんといっしょに食《た》べることもある。

さぁ、午後《ごご》の仕事《しごと》だー！　午後《ごご》もがんばるぞ！

1:00 P.M.《ピーエム》～

・政府《せいふ》の会議《かいぎ》に出席《しゅっせき》する。　・外国《がいこく》の政府《せいふ》の人《ひと》と会談《かいだん》する。

・政策《せいさく》を進《すす》める上《うえ》で必要《ひつよう》な勉強《べんきょう》をする。

記念式典《きねんしきてん》に出席《しゅっせき》するぞ
あいさつをすることになっているんだ

・立派《りっぱ》な功績《こうせき》を残《のこ》した人《ひと》に表彰《ひょうしょう》を行《おこな》う。

・近々《ちかぢか》外国《がいこく》を訪問《ほうもん》するので、勉強《べんきょう》をする。

・大臣《だいじん》たちや役所《やくしょ》の人《ひと》たちと打《う》ち合《あ》わせをする。

午後《ごご》も大忙《おおいそが》しだった～。

7:00 P.M.《ピーエム》
夕食《ゆうしょく》だ！　外国《がいこく》の政府《せいふ》の人《ひと》を招《まね》いて晩餐会《ばんさんかい》だ

・国会議員《こっかいぎいん》や経済界《けいざいかい》の人《ひと》たちと話《はな》し合《あ》う。

9:00 P.M.《ピーエム》ごろ

・首相公邸《しゅしょうこうてい》へ帰《かえ》って、勉強《べんきょう》や読書《どくしょ》を。

明日《あした》もがんばらないと！

総理《そうり》大臣《だいじん》が病気《びょうき》になったり、事故《じこ》にあったりした場合《ばあい》は、前《まえ》もって指名《しめい》されている国務《こくむ》大臣《だいじん》が臨時《りんじ》で総理《そうり》の代理《だいり》になるんだ。総理《そうり》の病気《びょうき》が重《おも》かったり、死亡《しぼう》したら、内閣《ないかく》は総辞職《そうじしょく》しなければならない。

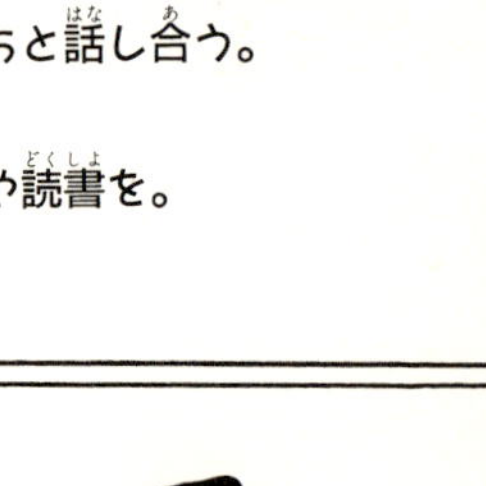

参考《さんこう》:首相官邸《しゅしょうかんてい》キッズルーム（P《ページ》204参照《さんしょう》）

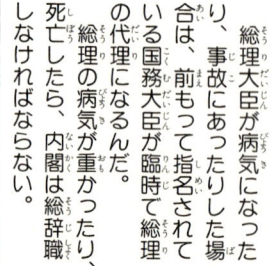

気象庁《きしょうちょう》の仕事《しごと》
(国土交通省《こくどこうつうしょう》の外局《がいきょく》)

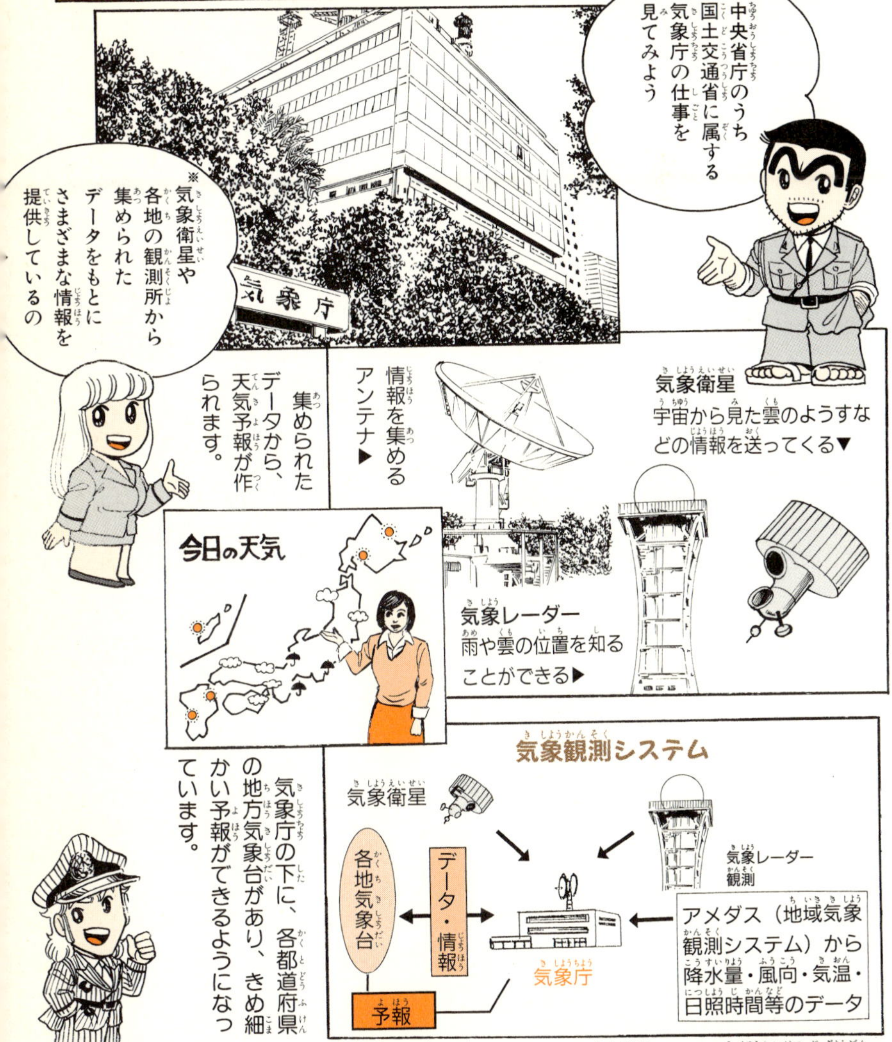

中央省庁《ちゅうおうしょうちょう》のうち国土交通省《こくどこうつうしょう》に属《ぞく》する気象庁《きしょうちょう》の仕事《しごと》を見《み》てみよう
※気象衛星《きしょうえいせい》や各地《かくち》の観測所《かんそくじょ》から集《あつ》められたデータをもとにさまざまな情報《じょうほう》を提供《ていきょう》しているの
気象庁
集《あつ》められたデータから、天気予報《てんきよほう》が作《つく》られます。
情報《じょうほう》を集《あつ》めるアンテナ▶
気象衛星《きしょうえいせい》
宇宙《うちゅう》から見《み》た雲《くも》のようすなどの情報《じょうほう》を送《おく》ってくる▼
今日の天気
気象《きしょう》レーダー
雨《あめ》や雲《くも》の位置《いち》を知《し》ることができる▶
気象観測《きしょうかんそく》システム
気象衛星《きしょうえいせい》
気象《きしょう》レーダー観測《かんそく》
各地気象台《かくちきしょうだい》
データ・情報《じょうほう》
気象庁《きしょうちょう》
アメダス(地域気象《ちいききしょう》観測《かんそく》システム)から降水量《こうすいりょう》・風向《ふうこう》・気温《きおん》・日照時間等《にっしょうじかんなど》のデータ
予報《よほう》
気象庁《きしょうちょう》の下《した》に、各都道府県《かくとどうふけん》の地方気象台《ちほうきしょうだい》があり、きめ細《こま》かい予報《よほう》ができるようになっています。

※衛星《えいせい》を打《う》ち上《あ》げるのは、気象庁《きしょうちょう》でなく宇宙開発事業団《うちゅうかいはつじぎょうだん》。

教《おし》えて！こち亀《かめ》相談室《そうだんしつ》3

Q 公共事業《こうきょうじぎょう》って？

公共事業《こうきょうじぎょう》ってよく聞《き》くけれど、なんのことですか？

A 国民《こくみん》が社会生活《しゃかいせいかつ》をする上《うえ》で必要《ひつよう》なもの（道路《どうろ》・ダム・空港《くうこう》など）を税金《ぜいきん》を使《つか》って造《つく》ることだ。国《くに》だけでなく、地方自治体《ちほうじちたい》でも行《おこな》われるぞ。

ムダな公共事業《こうきょうじぎょう》もある、と批判《ひはん》もされている。

Q 外交官《がいこうかん》って？

外交官《がいこうかん》ってどんな仕事《しごと》をする人《ひと》ですか？

外国《がいこく》にいる日本人《にほんじん》の保護《ほご》
海外における日本のサポーター!!
大使《たいし》や公使《こうし》は外国政府《がいこくせいふ》と交渉《こうしょう》もする
JAPAN
大使
交渉

A 外務省《がいむしょう》に勤《つと》める国家公務員《こっかこうむいん》で、大使館《たいしかん》など外国《がいこく》にとどまり、その国《くに》の調査《ちょうさ》をしたり、日本人《にほんじん》の保護《ほご》をします。

Q どんな条約《じょうやく》がある？

条約《じょうやく》にはどのようなものがありますか？

動物《どうぶつ》

せい、ど、品《ひん》も！

輸入《ゆにゅう》は条約違反《じょうやくいはん》！
ワシントン条約!!
じゃいんだ…るのに

Q 国債《こくさい》について教《おし》えてください！

国債《こくさい》のことがよくわかりません。もう少《すこ》しくわしく教《おし》えてください。

税金《ぜいきん》だけではお金《かね》が足《た》りずに発行《はっこう》するのが赤字国債《あかじこくさい》
赤字国債《あかじこくさい》は後々《のちのち》まで借金《しゃっきん》を残《のこ》すことになると問題《もんだい》になっているの
足りない〜〜！
貸してェ〜！
国
利子《りし》をつけて返《かえ》す
貸《か》す
こくみん
道路《どうろ》などを造《つく》る費用《ひよう》のため発行《はっこう》するのが建設国債《けんせつこくさい》

A 国債《こくさい》は国《くに》の借金《しゃっきん》です。資金《しきん》が不足《ふそく》すると、国《くに》は国債《こくさい》を発行《はっこう》します。国民《こくみん》は国債《こくさい》を買《か》い、その売《う》り上《あ》げを国《くに》は利用《りよう》します。国債《こくさい》には期限《きげん》があって、その期限《きげん》が来《く》ると国《くに》は買《か》ってくれた人《ひと》に利子《りし》をつけて返《かえ》します。地方自治体《ちほうじちたい》も同《おな》じようなしくみを使《つか》っていて、地方自治体《ちほうじちたい》が発行《はっこう》する債券《さいけん》は地方債《ちほうさい》といいます。

みんなの法律相談《ほうりつそうだん》

自分《じぶん》の名前《なまえ》がきらいです。名前《なまえ》を変更《へんこう》できますか？

絶対ヤダ！
キモイ！
今日からオレのこと、デビットって呼びな！

●答《こた》え●

その名前《なまえ》では不都合《ふつごう》だという正当《せいとう》な理由《りゆう》があれば、変更《へんこう》は可能《かのう》ですが、きらいというだけでは難《むずか》しいかもしれません。

A 国《くに》と国《くに》との約束《やくそく》である条約《じょうやく》にはさまざまな種類《しゅるい》があるぞ。多《おお》くの国《くに》の間《あいだ》で結《むす》ばれた、動物《どうぶつ》の保護《ほご》に関《かん》するワシントン条《じょう》約《やく》や、人種差別撤廃《じんしゅさべつてっぱい》のための条約《じょうやく》などがある。また、ふたつの国《くに》の間《あいだ》でだけ結《むす》ばれる条約《じょうやく》もある。日米安全保障条約《にちべいあんぜんほしょうじょうやく》などだ。

絶滅《ぜつめつ》の心配《しんぱい》のあるだけでなくトラ・クマのはく象牙《ぞうげ》、べっこうな動物《どうぶつ》から作《つく》った製《せい》

生きものだけなもうか……!!

行政《ぎょうせい》（内閣《ないかく》）について

現在《げんざい》の内閣総理大臣《ないかくそうりだいじん》の名前《なまえ》を知《し》っていますか？ よくテレビなどで見《み》ますね。
内閣総理大臣《ないかくそうりだいじん》がリーダーとなる内閣《ないかく》が実際《じっさい》に政治《せいじ》を進《すす》めます。政治《せいじ》を行《おこな》うことを行政《ぎょうせい》といいます。
内閣《ないかく》は内閣総理大臣《ないかくそうりだいじん》と国務大臣《こくむだいじん》で構成《こうせい》されていますが、内閣《ないかく》のことを政府《せいふ》ともいいます。総理大臣《そうりだいじん》と国務大臣《こくむだいじん》全員《ぜんいん》で行《おこな》う会議《かいぎ》を閣議《かくぎ》といいますが、法律《ほうりつ》の執行《しっこう》や予算案作成《よさんあんさくせい》は閣議《かくぎ》で決定《けってい》されます。
内閣《ないかく》の下《した》にさまざまな仕事《しごと》を受《う》け持《も》つ役所《やくしょ》（府《ふ》・省《しょう》・庁《ちょう》）があります。
みなさんに関係《かんけい》の深《ふか》い、学校《がっこう》や教育《きょういく》のことについて仕事《しごと》をしているのは文部科学省《もんぶかがくしょう》です。みなさんが学校《がっこう》でどんな内容《ないよう》の勉強《べんきょう》をどれくらいしたらいいかを決《き》めたり、教科書《きょうかしょ》の検定《けんてい》をしたりしています。その他《ほか》、スポーツの振《しん》興《こう》、文化《ぶんか》や科学《かがく》の発展《はってん》、国宝《こくほう》の保存《ほぞん》などの仕《し》事《ごと》もしています。
国民《こくみん》の健康面《けんこうめん》の仕事《しごと》は厚生労働省《こうせいろうどうしょう》です。医《い》療《りょう》や社会保障《しゃかいほしょう》の仕事《しごと》を担当《たんとう》しています。
毎日《まいにち》の天気予報《てんきよほう》や地震情報《じしんじょうほう》などを出《だ》す気象《きしょう》庁《ちょう》は国土交通省《こくどこうつうしょう》に含《ふく》まれます。
各省庁《かくしょうちょう》で国民《こくみん》のためにさまざまな仕事《しごと》を分《ぶん》担《たん》していますが、政治《せいじ》を進《すす》めるには当然《とうぜん》お金《かね》が必要《ひつよう》で、これは国民《こくみん》の納《おさ》める税金《ぜいきん》でまかなわれます。みなさんも買《か》い物《もの》をする際《さい》に消費《しょうひ》税《ぜい》を支払《しはら》っています。
現在《げんざい》、政府《せいふ》は行政改革《ぎょうせいかいかく》といって今《いま》まで国《くに》が行《おこな》ってきた事業《じぎょう》を民間企業《みんかんきぎょう》にまかせる民営化《みんえいか》や、公務員《こうむいん》の資格《しかく》や待遇《たいぐう》を改《あらた》めようとする公《こう》務員制度《むいんせいど》の改革《かいかく》も進《すす》めています。これから大人《おとな》になるみなさんにはとても関係《かんけい》のある、大切《たいせつ》なことがらです。

裁判所《さいばんしょ》

最高裁判所《さいこうさいばんしょ》

内閣《ないかく》
行政《ぎょうせい》
三権《さんけん》のうちの司法《しほう》を受《う》け持《も》つのが裁判所《さいばんしょ》だ
司法《しほう》とは法律《ほうりつ》に基《もと》づいて争《あらそ》いごとを裁《さば》くことよ
裁判《さいばん》なんて関係《かんけい》ないと思《おも》うだろうけど国民《こくみん》の権利《けんり》を守《まも》る大切《たいせつ》な役割《やくわり》があるんだよ
拾《ひろ》った金《かね》を無断《むだん》で使《つか》ったな
逮捕《たいほ》
えッバレてた…
TOY
本当《ほんとう》にやったんだな
とほほ
検察官《けんさつかん》

起訴《きそ》
ふむふむ判決《はんけつ》は…
不当《ふとう》な取《と》り調《しら》べはないかな?
弁護士《べんごし》
裁判官《さいばんかん》
裁判《さいばん》

正《ただ》しい裁判《さいばん》のための原則《げんそく》

憲法
法律

①裁判官《さいばんかん》は他《ほか》から干渉《かんしょう》されず、憲法《けんぽう》と法律《ほうりつ》と良心《りょうしん》にのみ従《したが》う。
②裁判《さいばん》は公開《こうかい》される。
③同《おな》じ事件《じけん》について、3回《かい》まで裁判《さいばん》を受《う》けられる(三審制《さんしんせい》)。

裁判官《さいばんかん》 検察官《けんさつかん》 弁護士《べんごし》は難《むずか》しい司法試験《しほうしけん》に合格《ごうかく》した人《ひと》だ

刑事事件《けいじじけん》では容疑者《ようぎしゃ》は逮捕《たいほ》されると、警察《けいさつ》と検察《けんさつ》で取《と》り調《しら》べを受《う》けます。
容疑《ようぎ》が固《かた》まると、検察官《けんさつかん》が裁判所《さいばんしょ》に訴《うった》えを起《お》こし(起訴《きそ》)、裁判《さいばん》が始《はじ》まります。
逮捕《たいほ》された人《ひと》は、取《と》り調《しら》べの段階《だんかい》から弁護士《べんごし》を雇《やと》うことができます。

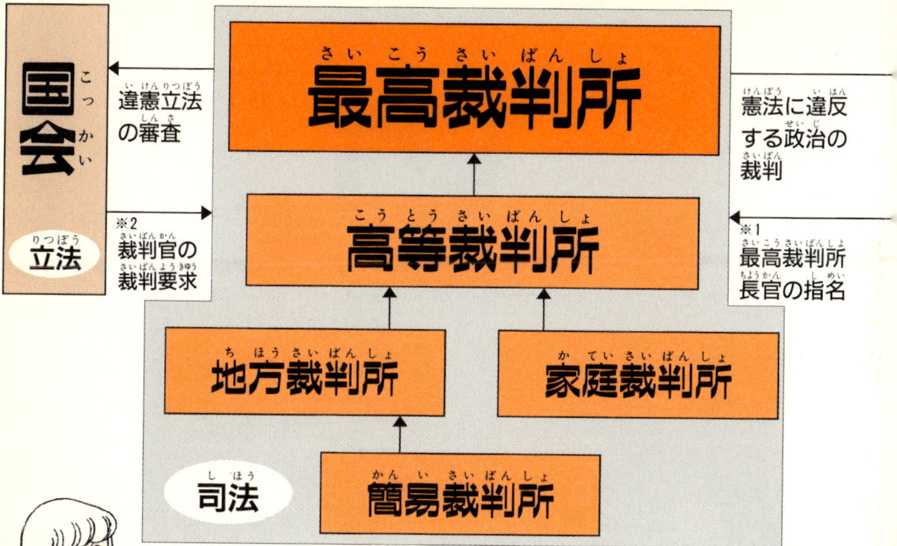

違憲立法《いけんりっぽう》の審査《しんさ》

憲法《けんぽう》に違反《いはん》する(違憲《いけん》)法律《ほうりつ》や命令《めいれい》、内閣《ないかく》の政治《せいじ》などは無効《むこう》とされることがあります。法律《ほうりつ》などが違憲《いけん》かどうか最終的《さいしゅうてき》に決《き》めるのは、最高裁判所《さいこうさいばんしょ》です。

※1・下級裁判所裁判官《かきゅうさいばんしょさいばんかん》の任命《にんめい》もします。　※2・弾劾裁判《だんがいさいばん》のこと。

司法《しほう》
爆破犯《ばくははん》を追《お》え!!の巻《まき》
シュボ
パン
パパパ
公園前派出所
きゃあっ
うわっ
ははは爆竹《ばくちく》だ爆竹《ばくちく》
先輩《せんぱい》!?
両《りょう》ちゃんおどかさないでよ!!

まだまだこんなにあるぞ
もうやめてよ!!
ボッ
ドッガーーン
先輩《せんぱい》!!
両《りょう》ちゃーん
………

週間
警視庁葛飾警察署
取調室《とりしらべしつ》
両津《りょうつ》また派出所《はしゅつじょ》を破壊《はかい》しおって!!
待《ま》ってくださいなんでわしのせいなんですか!?
おまえしかいないだろ!!
わしは爆竹《ばくちく》に火《ひ》をつけただけですよ
きっぱり!
仕事中《しごとちゅう》に爆竹《ばくちく》!?
いえそれはその……

本田速人《ほんだはやと》

葛飾署交通機動隊勤務《かつしかしょこうつうきどうたいきんむ》。ふだんは気《き》が弱《よわ》いが、バイクに乗《の》ると性格《せいかく》が変《か》わり強《つよ》くなる。

両《りょう》さんメモ

急《きゅう》に裁判《さいばん》をすることになったとして、弁護士《べんごし》に知《し》り合《あ》いがいる人《ひと》なんて少《すく》ないでしょう。そんな時《とき》は、弁護士会《べんごしかい》というところに相《そう》談《だん》すると弁護士《べんごし》を紹介《しょうかい》してくれます。各地《かくち》にありますから、自分《じぶん》の住《す》んでいる地域《ちいき》の弁護士会《べんごしかい》を探《さが》してみましょう。

あの…でも今《いま》 問題《もんだい》なのはなんで派出所《はしゅつじょ》が爆発《ばくはつ》したかです
両津《りょうつ》のせいだろ
爆竹《ばくちく》に火《ひ》をつけただけで大爆発《だいばくはつ》するわけないでしょ
ジロッ
完全《かんぜん》にわしを犯人《はんにん》と決《き》めつけている
不公平《ふこうへい》ですそれなら弁護士《べんごし》を要求《ようきゅう》します
逮捕《たいほ》された者《もの》には弁護士《べんごし》を雇《やと》う権利《けんり》があるはずです
弁護士《べんごし》のバッジ
誤認逮捕《ごにんたいほ》や自白《じはく》の強要《きょうよう》などから容疑者《ようぎしゃ》の人権《じんけん》を守《まも》るためにも弁護人《べんごにん》に依頼《いらい》する権利《けんり》があるか……
そうですねたしかに先輩《せんぱい》を犯人《はんにん》と決《き》めつけるのは不公平《ふこうへい》ですねあの時《とき》はライターをつけただけでしたし
よし中川《なかがわ》!!わしの弁護《べんご》をしろ!!
えっ僕《ぼく》がやるんですか

よし わしは 検察官《けんさつかん》だ
ボキ
わしが 裁判官《さいばんかん》を 務《つと》めるぞ
模擬裁判《もぎさいばん》を やるん ですか?

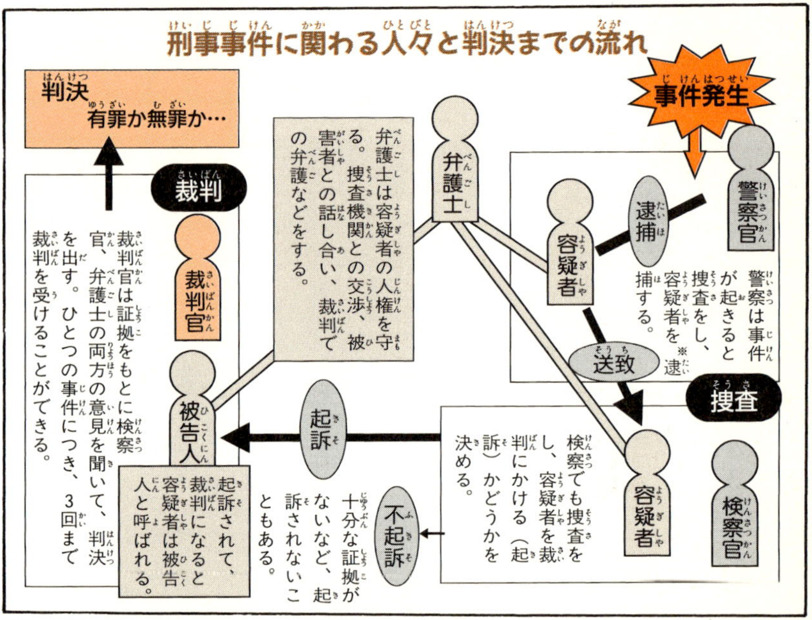

刑事事件《けいじじけん》に関《かか》わる人々《ひとびと》と判決《はんけつ》までの流《なが》れ
事件発生《じけんはっせい》
警察官《けいさつかん》
逮捕《たいほ》
容疑者《ようぎしゃ》
警察《けいさつ》は事件《じけん》が起《お》きると捜査《そうさ》をし、容疑者《ようぎしゃ》を※逮《たい》捕《ほ》する。
送致《そうち》
捜査《そうさ》
弁護士《べんごし》
弁護士《べんごし》は容疑者《ようぎしゃ》の人権《じんけん》を守《まも》る。捜査機関《そうさきかん》との交渉《こうしょう》、被害者《ひがいしゃ》との話《はな》し合い、裁判《さいばん》での弁護《べんご》などをする。
検察官《けんさつかん》
容疑者《ようぎしゃ》
検察《けんさつ》でも捜査《そうさ》をし、容疑者《ようぎしゃ》を裁《さい》判《ばん》にかける（起《き》訴《そ》）かどうかを決める。
起訴《きそ》
不起訴《ふきそ》
十分《じゅうぶん》な証拠《しょうこ》がないなど、起《き》訴《そ》されないこともある。
被告人《ひこくにん》
起訴《きそ》されて、裁判《さいばん》になると容疑者《ようぎしゃ》は被告《ひこく》人《にん》と呼《よ》ばれる。
裁判《さいばん》
裁判官《さいばんかん》
裁判官《さいばんかん》は証拠《しょうこ》をもとに検察《けんさつ》官《かん》、弁護士《べんごし》の両方《りょうほう》の意見《いけん》を聞いて、判決《はんけつ》を出《だ》す。ひとつの事件《じけん》につき、3回《かい》まで裁判《さいばん》を受《う》けることができる。
判決《はんけつ》
有罪《ゆうざい》か無罪《むざい》か…

※逮捕《たいほ》されても証拠《しょうこ》がなかったり、犯人《はんにん》ではないとわかったりすると釈放《しゃくほう》される。

刑事裁判《けいじさいばん》の流《なが》れ

【冒頭手続《ぼうとうてつづ》き】
被告人《ひこくにん》が本人《ほんにん》か確《たし》かめたり、事件《じけん》の争点《そうてん》を明《あき》らかにしたりする

【証拠調《しょうこしら》べ手続《てつづ》き】
検察側《けんさつがわ》と被告人側《ひこくにんがわ》の証拠《しょうこ》の検証《けんしょう》

【弁論手続《べんろんてつづ》き】
検察《けんさつ》、被告人双方《ひこくにんそうほう》の事実《じじつ》や法律《ほうりつ》に関《かん》する意見《いけん》ののべ合《あ》い

【判決宣告手続《はんけつせんこくてつづ》き】
有罪《ゆうざい》か無罪《むざい》か、判決《はんけつ》が出《で》る

まず おまえ まちがいなく 両津本人《りょうつほんにん》だな
だから犯人《はんにん》は わしじゃない

先輩《せんぱい》何《なに》か他《ほか》に思《おも》い当《あ》たることは……
ポン!
そうだ!!
おい本田《ほんだ》!!
えっ僕《ぼく》!?
そういえば…
証人《しょうにん》A《エー》
ギュオオーーン
亀有公園
ダンナ行《い》きつけのガソリンスタンドが休《やす》みになるんで買《か》いだめしてきた
あずかってくれ

君《きみ》は派出所《はしゅつじょ》を荷物置《にもつお》き場《ば》と思《おも》ってないか?
わ〜〜〜ん だって先輩《せんぱい》が 1日《にち》100円《えん》で あずかって くれるって
両津《りょうつ》!!
いえっ その 助《たす》け合《あ》い です その…
でも ガソリンは 奥《おく》の部屋《へや》に あったんだし 直接《ちょくせつ》の爆発原因《ばくはつげんいん》とはいえないと…
そう そう
ほっ
証人《しょうにん》B《ビー》
そうね 可燃物《かねんぶつ》なら
french
なんだ? それは
フランス製《せい》の ヘアスプレーよ
french
french
french
馬

この前《まえ》フランスに行《い》った時《とき》に買《か》って来《き》たのよ
交通課《こうつうか》の人《ひと》たちにたのまれちゃって
こんなにたくさん!!
french
french
邪魔《じゃま》だ! 奥《おく》に持《も》って行《い》け!
いいか スプレーっていうのは可燃性《かねんせい》が強《つよ》いんだ危険物《きけんぶつ》なんだぞ邪魔《じゃま》だ邪魔《じゃま》だ
わかったわよ!
大丈夫《だいじょうぶ》よすぐに取《と》りに来《く》るから
ムッ
そうだ麗子《れいこ》のせいだわしは注意《ちゅうい》したんだぞ
だったら爆竹《ばくちく》なんてしないでよ!! そんな危《あぶ》ない場所《ばしょ》で!!
でも これも直接的《ちょくせつてき》な爆発原因《ばくはつげんいん》とはいえませんね
う~~~む

両《りょう》さんメモ

裁判《さいばん》の判決《はんけつ》に不服《ふふく》で、上級《じょうきゅう》の裁判所《さいばんしょ》に訴《うった》えを起《お》こすことを上訴《じょうそ》といいます。上訴《じょうそ》は、第一審《だいいっしん》の判決《はんけつ》に不服《ふふく》で2回目《かいめ》の裁判《さいばん》を求《もと》める時《とき》は控訴《こうそ》、第二審《だいにしん》の判決《はんけつ》に不服《ふふく》で3回目《かいめ》の裁判《さいばん》を求《もと》める時《とき》は上告《じょうこく》、と呼《よ》び分《わ》けられています。

わかった!!
部長《ぶちょう》の
せいだ!!
!!
そういえば
部長《ぶちょう》も
危険物《きけんぶつ》を
持《も》ちこみ
ましたよね
そうだ
そうだ
たしかに
危険物《きけんぶつ》は
持《も》ちこんだ
が……
証人《しょうにん》C《シー》
なん
です?
すげぇ

近所《きんじょ》で銃刀法違反《じゅうとうほういはん》の男《おとこ》の部屋《へや》を捜索《そうさく》したら出《で》てきたんだ
そうだ!! あれが爆発《ばくはつ》したんだ部長《ぶちょう》のせいだ!!
バカもん それなら ここに ある!!
わしが そんな危険物《きけんぶつ》を いつまでも 派出所《はしゅつじょ》に 置《お》いておく ものか
残念《ざんねん》だったな わしを 犯人《はんにん》に できなくて
やはり 両津《りょうつ》が あやしい
どうしてです!? スプレー缶《かん》や ガソリンに くらべたら爆竹《ばくちく》なんて カワイイもんです!!
……となると 原因《げんいん》は……

両《りょう》さんメモ

国会《こっかい》が作《つく》った法律《ほうりつ》を憲法違反《けんぽういはん》かどうか判断《はんだん》するのは裁判所《さいばんしょ》です。この判断《はんだん》は法律《ほうりつ》ができた時《とき》にするわけではなく、実際《じっさい》に裁判《さいばん》になり、使《つか》われる法律《ほうりつ》が憲法《けんぽう》に違反《いはん》していないかどうか審査《しんさ》する必要《ひつよう》があった時《とき》に審査《しんさ》し、判断《はんだん》します。

そういえば両《りょう》ちゃんあの爆竹《ばくちく》どうしたの?
そういえば先輩《せんぱい》あの時《とき》お腹《なか》がすいたからって……
えっ ええっと…
被告人《ひこくにん》
出所
ふわ〜〜〜っ
ハラへったから奥《おく》で何《なに》か食《く》ってるぞ
ずっと働《はたら》きづめだったからな
ずっとゲームしていたくせに
ジャー
ボッ
たしかカップめんの買《か》い置《お》きがあったはずだが

あった あった！
シュ～
よし
んっ これは 夏《なつ》に買《か》った 爆竹《ばくちく》の残《のこ》り
両津《りょうつ》 爆竹《ばくちく》はわかった それで 火《ひ》にかけた やかんは どうした？
えっ!!
シュー
カタ
カタ
ジュ
じゅ～～～ん…

つまり
ガスもれして
いたところに
火《ひ》をつけた
わけだ
ガスもれの
原因《げんいん》も
火《ひ》をつけた
のも
両《りょう》ちゃんね
やはり
両津《りょうつ》かあ
――っ
待《ま》て
うわー
カッ
うわっ
ドンガシャーン
いてて

おっおい 両津《りょうつ》 なんとかしろ!!
げっ
シュー
両津《りょうつ》ーっ

司法《しほう》

裁判《さいばん》により 法律《ほうりつ》が実際《じっさい》に守《まも》られるようにする

サイの便所《べんじょ》か? サイベンジョ
裁判所《さいばんしょ》!

司法権《しほうけん》のすべては最高裁判所《さいこうさいばんしょ》と下級裁判所《かきゅうさいばんしょ》に属《ぞく》している
司法権《しほうけん》とは憲法《けんぽう》や法律《ほうりつ》に基《もと》づいて争《あらそ》いを裁《さば》くことのできる権限《けんげん》のことよ
法《ほう》の番人《ばんにん》
国民《こくみん》は誰《だれ》でも裁判《さいばん》を受《う》ける権利《けんり》があるんだったね
やっぱり家庭が
三審制《さんしんせい》
第一審《だいいっしん》
第三審《だいさんしん》
第二審《だいにしん》
万《まん》が一《いち》まちがった判決《はんけつ》が出《で》たら大変《たいへん》だもんな

裁判《さいばん》が正《ただ》しく行《おこな》われるように、同《おな》じ件《けん》について、3回《かい》まで裁判《さいばん》を受《う》けられます。このしくみを三審制《さんしんせい》といいます。

最高裁判所《さいこうさいばんしょ》以外《いがい》の裁判所《さいばんしょ》を下級裁判所《かきゅうさいばんしょ》というんだ

最高裁判所《さいこうさいばんしょ》

- 一番上《いちばんうえ》の地位《ちい》にある裁判所《さいばんしょ》。
- 全国《ぜんこく》でただひとつだけ、東京《とうきょう》にある。
- 高等裁判所《こうとうさいばんしょ》での判決《はんけつ》に不服《ふふく》な人《ひと》の訴《うった》えにより裁判《さいばん》をし、最終的《さいしゅうてき》な判決《はんけつ》を出《だ》す。
- 違憲立法審査《いけんりつぽうしんさ》の最終的《さいしゅうてき》な判断《はんだん》を下《くだ》す。

高等裁判所《こうとうさいばんしょ》

- 最高裁判所《さいこうさいばんしょ》の次《つぎ》の地位《ちい》にある裁判所《さいばんしょ》。
- 全国《ぜんこく》に ※1 8か所《しょ》ある。
- 地方《ちほう》・家庭裁判所《かていさいばんしょ》の判決《はんけつ》、簡易裁判所《かんいさいばんしょ》の判決《はんけつ》（刑事裁判《けいじさいばん》）に不服《ふふく》な人《ひと》の訴《うった》えにより第二審《だいにしん》を行《おこな》う。
- ※2内乱罪《ないらんざい》など特別《とくべつ》な事件《じけん》では、ここが第一審《だいいっしん》。

や
裁判所にはこんな種類《しゅるい》があるよ
コウ

地方裁判所《ちほうさいばんしょ》

- 高等裁判所《こうとうさいばんしょ》の次《つぎ》の地位《ちい》にある裁判所《さいばんしょ》。
- 各都道府県《かくとどうふけん》にひとつ(北海道《ほっかいどう》は4つ)で全国《ぜんこく》に50か所《しょ》ある。
- 普通《ふつう》の民事事件《みんじじけん》、刑事事件《けいじじけん》では第一審《だいいっしん》を行《おこな》う。
- 簡易裁判所《かんいさいばんしょ》の判決《はんけつ》（民事裁判《みんじさいばん》）に不服《ふふく》な人《ひと》の第二審《だいにしん》も行《おこな》う。

チ

家庭裁判所《かていさいばんしょ》

- 地方裁判所《ちほうさいばんしょ》と同《おな》じ地位《ちい》の裁判所《さいばんしょ》。
- 地方裁判所《ちほうさいばんしょ》と同《おな》じ都市《とし》にある。
- 家庭内《かていない》のもめごとや少年《しょうねん》の犯罪《はんざい》をあつかう。
- 裁判《さいばん》は原則非公開《げんそくひこうかい》。

簡易裁判所《かんいさいばんしょ》

- 一番下《いちばんした》の地位《ちい》にある裁判所《さいばんしょ》。
- 全国《ぜんこく》に438か所《しょ》ある。
- 刑事事件《けいじじけん》の軽《かる》い犯罪《はんざい》や民事事件《みんじじけん》の金額《きんがく》の少《すく》ない訴《うった》えをあつかう裁判《さいばん》の第一審《だいいっしん》となる。

カンイ

※1・東京《とうきょう》、大阪《おおさか》、名古屋《なごや》、広島《ひろしま》、福岡《ふくおか》、仙台《せんだい》、札幌《さっぽろ》、高松《たかまつ》。

※2・暴力《ぼうりょく》によって国家《こっか》を変《か》えようとすること。

刑事《けいじ》裁判《さいばん》の流《なが》れ

刑事《けいじ》裁判《さいばん》の流《なが》れを簡単《かんたん》に見《み》てみよう
弁護士《べんごし》
スタート
ドロボーッ
起訴《きそ》
逮捕《たいほ》
警察官《けいさつかん》
捜査《そうさ》の段階《だんかい》から弁護士《べんごし》を雇《やと》うことができるよ
おまえがやったのか？
検察官《けんさつかん》
弁護士《べんごし》呼《よ》べ！
取《と》り調《しら》べ

民事《みんじ》裁判《さいばん》の流《なが》れ

民事《みんじ》裁判《さいばん》はまず訴《うった》えをおこす
返してよ！
うるせー
訴えてやる！！

裁判《さいばん》は内容《ないよう》によってこんな種類《しゅるい》に分《わ》けられるわ

裁判《さいばん》の種類《しゅるい》

民事裁判《みんじさいばん》

お金《かね》の貸《か》し借《か》りや公害問題《こうがいもんだい》など日常生活《にちじょうせいかつ》で起《お》こる、人《ひと》と人《ひと》、人《ひと》と会社《かいしゃ》などの間《あいだ》の争《あらそ》い（民事《みんじ》事件《じけん》）を裁《さば》く裁判《さいばん》。

刑事裁判《けいじさいばん》

強盗《ごうとう》や殺人《さつじん》などの刑事事件《けいじじけん》について、本当《ほんとう》に罪《つみ》を犯《おか》したか、犯《おか》したならどのくらいの刑罰《けいばつ》が必要《ひつよう》か決める裁判《さいばん》。

ちがーう!!
犯人はおまえだ！
←実はコイツ!!

行政裁判《ぎょうせいさいばん》

国《くに》や地方公共団体《ちほうこうきょうだんたい》の行政活動《ぎょうせいかつどう》が、法律《ほうりつ》に違反《いはん》していないか判断《はんだん》する裁判《さいばん》。

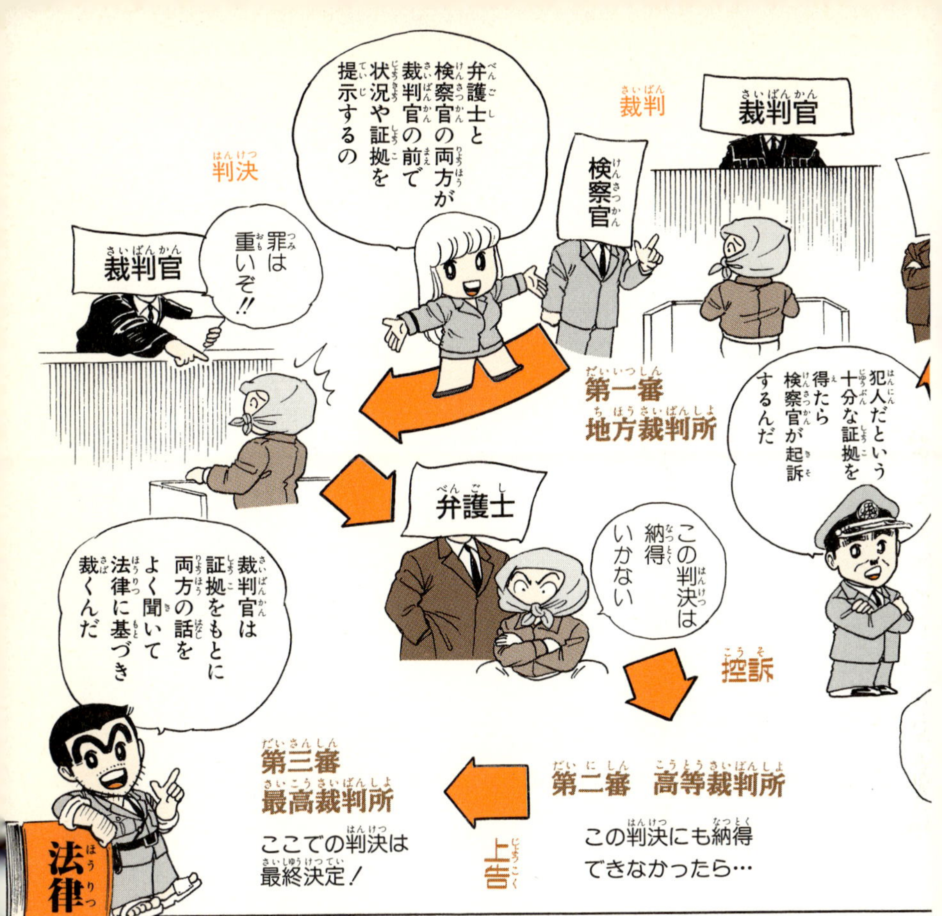
判決《はんけつ》
弁護士《べんごし》と検察官《けんさつかん》の両方《りょうほう》が裁判官《さいばんかん》の前《まえ》で状況《じょうきょう》や証拠《しょうこ》を提示《ていじ》するの
裁判《さいばん》
裁判官《さいばんかん》
検察官《けんさつかん》
裁判官《さいばんかん》
罪《つみ》は重《おも》いぞ!!
第一審《だいいっしん》
地方裁判所《ちほうさいばんしょ》
犯人《はんにん》だという十分《じゅうぶん》な証拠《しょうこ》を得《え》たら検察官《けんさつかん》が起訴《きそ》するんだ
弁護士《べんごし》
この判決《はんけつ》は納得《なっとく》いかない
裁判官《さいばんかん》は証拠《しょうこ》をもとに両方《りょうほう》の話《はなし》をよく聞《き》いて法律《ほうりつ》に基《もと》づき裁《さば》くんだ
控訴《こうそ》
第二審《だいにしん》　高等裁判所《こうとうさいばんしょ》
この判決《はんけつ》にも納得《なっとく》できなかったら…
上告《じょうこく》
第三審《だいさんしん》
最高裁判所《さいこうさいばんしょ》
ここでの判決《はんけつ》は最終決定《さいしゅうけってい》！
法律《ほうりつ》

お願いします
弁護士↓
判決《はんけつ》!!
返しなさい!!
裁判所《さいばんしょ》に訴《うった》える
ヨカッタ！ヨカッタ！

裁判《さいばん》で争《あらそ》いを解決《かいけつ》したい人《ひと》（原告《げんこく》）が、裁判所《さいばんしょ》に訴《うった》えることで、民事裁判《みんじさいばん》は始《はじ》まります。民事裁判《みんじさいばん》でも、弁護士《べんごし》に相談《そうだん》して弁護《べんご》してもらえます。

刑事裁判《けいじさいばん》より身近《みぢか》なことをあつかっているわね

20歳以上《さいいじょう》の国《こく》民《みん》から抽選《ちゅうせん》で、ひとつの事件《じけん》につき、原則《げんそく》6人《にん》選《えら》ぶ。

裁判員制度《さいばんいんせいど》の対象《たいしょう》は殺人《さつじん》などの重大《じゅうだい》な刑事事件《けいじじけん》だ

裁判官《さいばんかん》の審査《しんさ》

裁判官《さいばんかん》の審査《しんさ》も行《おこな》われているのね

最高裁判所《さいこうさいばんしょ》の裁判官《さいばんかん》は、※国民《こくみん》審査《しんさ》を受《う》けます。投票《とうひょう》数《すう》の過半数《かはんすう》に適切《てきせつ》でないとされた裁判官《さいばんかん》は、やめさせられます。

※国民審査《こくみんしんさ》は、衆議院議員総選挙《しゅうぎいんぎいんそうせんきょ》といっしょに行《おこな》われます。

14人《にん》の国会議員《こっかいぎいん》が弾劾裁判所《だんがいさいばんしょ》の裁判員《さいばんいん》になる。

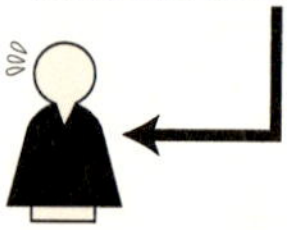

裁判官《さいばんかん》をやめさせるかどうか判断《はんだん》する。

裁判官《さいばんかん》としてふさわしくない行為《こうい》をしたり、職務違《しょくむい》反《はん》をした裁判官《さいばんかん》は、国会《こっかい》が設置《せっち》する弾劾裁判所《だんがいさいばんしょ》で裁《さば》かれ、やめさせられることもあります。

違憲立法審査《いけんりっぽうしんさ》

ありゃ
なんかこの法律って？？
おかしいよね…

裁判所《さいばんしょ》は、法律《ほうりつ》が違憲《いけん》でないか判断《はんだん》する権限《けんげん》を持《も》ちます。今《いま》まで違憲《いけん》とされた法律《ほうりつ》は、6件《けん》だけです。
(2004年《ねん》9月《がつ》現在《げんざい》)

憲法《けんぽう》は国《くに》の基本《きほん》だもんな

人権《じんけん》を守《まも》る

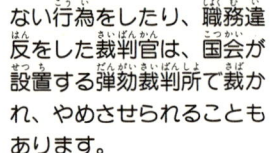

裁判《さいばん》のやり方《かた》が少《すこ》し変《か》わるぞ ※1裁判員制度《さいばんいんせいど》だ

裁判員制度《さいばんいんせいど》って何《なに》？

国民《こくみん》も司法《しほう》の場《ば》に参加《さんか》することになる

国民《こくみん》も裁判員《さいばんいん》として裁判《さいばん》に参加《さんか》し、被告《ひこく》人《にん》が有罪《ゆうざい》か無罪《むざい》かなど、裁判官《さいばんかん》といっしょに決《き》める制度《せいど》です。

裁判官《さいばんかん》

裁判官《さいばんかん》の資格《しかく》を持《も》つ裁判官《さいばんかん》、原則《げんそく》として3人《にん》。

＋

裁判員《さいばんいん》

裁判員《さいばんいん》は裁判《さいばん》に立《た》ち会《あ》う。

裁判官《さいばんかん》と裁判員《さいばんいん》で、有罪《ゆうざい》か無罪《むざい》か話《はな》し合《あ》う。

判決《はんけつ》！

こち亀《かめ》パトロール 守秘義務《しゅひぎむ》とは？

仕事上《しごとじょう》で知《し》った他人《たにん》の秘密《ひみつ》を守《まも》る義務《ぎむ》が守秘義務《しゅひぎむ》だ。医師《いし》や弁護《べんご》士《し》には守秘義務《しゅひぎむ》があり、裁判員《さいばんいん》に選《えら》ばれた人《ひと》にも守秘義務《しゅひぎむ》があるぞ。

※1・平成《へいせい》16年《ねん》5月《がつ》28日《にち》に公布《こうふ》。5年《ねん》以内《いない》に施行《しこう》。

裁判所《さいばんしょ》には人権《じんけん》を守《まも》る役割《やくわり》もあります。

警察《けいさつ》や検察《けんさつ》が、誰《だれ》かを逮捕《たいほ》したり、ある場所《ばしょ》を捜索《そうさく》したりするには、裁判所《さいばんしょ》が出《だ》す令《れい》状《じょう》が必要《ひつよう》です。逮捕《たいほ》などは強《きょう》制的《せいてき》に行《おこな》われるものなので、人権《じんけん》の侵害《しんがい》がないようにするためです。※2現行犯《げんこうはん》には令状《れいじょう》は必要《ひつよう》ありません。

逮捕《たいほ》や捜索《そうさく》などは国民《こくみん》の権利《けんり》を侵《おか》す可能性《かのうせい》もあるので裁判所《さいばんしょ》の許可《きょか》が必要《ひつよう》なのね

※2・犯罪《はんざい》を行《おこな》っている時《とき》、またはやり終《お》わったところで発見《はっけん》された犯罪《はんざい》。

裁判所《さいばんしょ》へ行《い》こう!!
裁判所《さいばんしょ》の中《なか》をのぞいてみようか
裁判所《さいばんしょ》には地方裁判所《ちほうさいばんしょ》高等裁判所《こうとうさいばんしょ》最高裁判所《さいこうさいばんしょ》などあるが
まずより身近《みぢか》な地方裁判所《ちほうさいばんしょ》を見《み》てみよう
地方裁判所《ちほうさいばんしょ》は各都道府県《かくとどうふけん》にあるけど
裁判所
これは東京《とうきょう》にある東京地方《とうきょうちほう》裁判所《さいばんしょ》よ
この建物《たてもの》には東京高等《とうきょうこうとう》裁判所《さいばんしょ》も入《はい》っているの

裁判《さいばん》は公開《こうかい》されていて誰《だれ》でも傍聴《ぼうちょう》できるんだよ
正面玄関《しょうめんげんかん》
危険物《きけんぶつ》を持《も》っていないかチェックされる
開廷票《かいていひょう》
玄関《げんかん》にある開廷票《かいていひょう》に当日《とうじつ》 行《おこな》われる裁判《さいばん》が書《か》かれているぞ
これが法廷《ほうてい》の中《なか》
これは裁判官《さいばんかん》がひとりの単独体《たんどくたい》ね
刑事事件《けいじじけん》の単独法廷《たんどくほうてい》
裁判官《さいばんかん》
検察官《けんさつかん》
傍聴人席《ぼうちょうにんせき》
書記官《しょきかん》
被告人《ひこくにん》
看守《かんしゅ》
速記官《そっきかん》
弁護士《べんごし》

▼民事裁判《みんじさいばん》の訴訟受付《そしょううけつけ》

▲裁判官《さいばんかん》の執務室《しつむしつ》

単独体《たんどくたい》 合議体《ごうぎたい》って？

裁判官《さいばんかん》がひとりで行《おこな》う裁判《さいばん》が単独体《たんどくたい》で、3人《にん》の裁判官《さいばんかん》で行《おこな》う裁判《さいばん》が合議体《ごうぎたい》だ。地方裁判所《ちほうさいばんしょ》では、ほとんどが単独体《たんどくたい》の裁判《さいばん》だが、重《おも》い罪《つみ》の時《とき》などは合議体《ごうぎたい》でも行《おこな》われる。高等裁判所《こうとうさいばんしょ》は合議体《ごうぎたい》で行《おこな》われるぞ。

大《おお》きな事件《じけん》の裁判《さいばん》で使《つか》われる大合議法廷《だいごうぎほうてい》

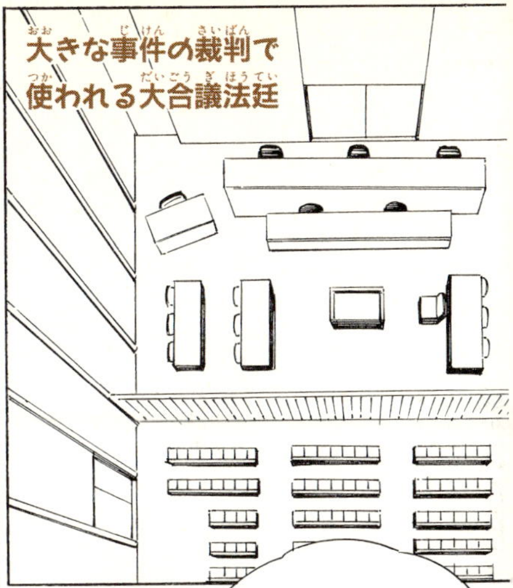

法廷以外《ほうていいがい》にもいろんな部屋《へや》があるぞ

こち亀《かめ》パトロール 傍聴《ぼうちょう》する時《とき》は？

裁判《さいばん》の傍聴《ぼうちょう》は、誰《だれ》でもできるぞ。静《しず》かにしていれば、途中《とちゅう》での入退室《にゅうたいしつ》も自由《じゆう》だ。次《つぎ》のきまりは守《まも》ろうな！

OFF

携帯電話《けいたいでんわ》の電源《でんげん》を切《き》る

撮影《さつえい》・録音《ろくおん》しない

発言《はつげん》しない

最高裁判所《さいこうさいばんしょ》の建物《たてもの》

民事事件《みんじじけん》を裁判《さいばん》で解決《かいけつ》したい人《ひと》は、裁判所《さいばんしょ》に訴《うった》えをおこすぞ。その窓口《まどぐち》となるのが、右上《みぎうえ》の受付《うけつけ》だ。訴《うった》えをおこす時《とき》は、弁護《べんご》士《し》に頼《たの》むことが多《おお》いんだ。

教《おし》えて！ こち亀《かめ》 相談室《そうだんしつ》 4

Q 裁判《さいばん》ってなぜ長引《ながび》くの？

よく何年《なんねん》も前《まえ》の事件《じけん》の裁判《さいばん》の決着《けっちゃく》がついたというニュースをみますが、なぜそんなに時間《じかん》がかかるんですか？

こんなにたくさん裁判《さいばん》が…

A

三審制《さんしんせい》を使《つか》って3回裁判《かいさいばん》を行《おこな》うと、どうしても長《なが》くかかるよな。

それだけでなく、今《いま》、日本《にほん》では裁判官《さいばんかん》がひとり当《あ》たりかかえている裁判《さいばん》の数《かず》が、ものすごく多《おお》いんだ。ようするに人手不足《ひとでぶそく》。裁判官《さいばんかん》も事件《じけん》について調《しら》べなくてはいけないし、大変《たいへん》なんだ。

みんなの法律相談《ほうりつそうだん》

①犬《いぬ》の散歩《さんぽ》をしていたら、うちの犬《いぬ》が通行人《つうこうにん》をかんでしまいました。どうすればいいですか？

あほー

●答《こた》え●

飼《か》い主《ぬし》はきちんとペットを管理《かんり》しなければいけません。ケガをさせてしまったら、治療費《ちりょうひ》を払《はら》い、おわびをしましょう。

Q 裁判《さいばん》のニュースはどうして絵《え》なの？

ニュースでは、どうして裁判《さいばん》のようすは絵《え》なんですか？

A 裁判中《さいばんちゅう》の法廷《ほうてい》では、一般《いっぱん》の傍聴《ぼうちょう》人《にん》だけでなく、マスコミも写真撮《しゃしんさつ》影《えい》や、テレビカメラの撮影《さつえい》は禁止《きんし》なんだ。だけど、スケッチをするのは許《ゆる》されているので、ニュースでは絵《え》が使《つか》われているんだよ。

Q 司法権《しほうけん》の独立《どくりつ》？

司法権《しほうけん》の独立《どくりつ》という言葉《ことば》を聞《き》きましたがどういうことですか？

A 三権《さんけん》の中《なか》で司法権《しほうけん》は特《とく》に厳《きび》しく独立《どくりつ》している。裁判《さいばん》の結果《けっか》について、国《こっ》会《かい》も内閣《ないかく》も口《くち》を出《だ》せないんだ。

②道《みち》を聞《き》かれて、まちがった道《みち》を教《おし》えてしまいました。サギになりますか？

●答《こた》え●

だましてやろうという気持《きも》ちを持《も》って、お金《かね》などをだましとるのがサギですから、この場合《ばあい》はサギにはなりません。

でも、わざとちがうことを教《おし》えては絶対《ぜったい》いけませんよ。

司法《しほう》（裁判所《さいばんしょ》）について

三権《さんけん》のうちの司法《しほう》を受《う》け持《も》つのが裁判所《さいばんしょ》です。裁判所《さいばんしょ》は法律《ほうりつ》に基《もと》づいて争《あらそ》いごとを裁《さば》きます。

裁判《さいばん》には大《おお》きく三《みっ》つの裁判《さいばん》があります。お金《かね》の貸《か》し借《か》りなど個人《こじん》と個人《こじん》との争《あらそ》い、労働《ろうどう》条件《じょうけん》など人《ひと》と会社《かいしゃ》との争《あらそ》いなどを裁《さば》く民事《みんじ》裁《さい》判《ばん》、強盗《ごうとう》など刑事事件《けいじじけん》を裁《さば》く刑事裁判《けいじさいばん》、国《くに》や地方公共団体《ちほうこうきょうだんたい》（都道府県《とどうふけん》、市町村《しちょうそん》）の行政活《ぎょうせいかつ》動《どう》が憲法《けんぽう》に違反《いはん》していないか判断《はんだん》する行政裁《ぎょうせいさい》判《ばん》、の三種類《さんしゅるい》です。

裁判所《さいばんしょ》には最高裁判所《さいこうさいばんしょ》、高等裁判所《こうとうさいばんしょ》、地方裁《ちほうさい》判所《ばんしょ》、家庭裁判所《かていさいばんしょ》、簡易裁判所《かんいさいばんしょ》などがあります。三審制《さんしんせい》といって、同《おな》じ件《けん》について三回《さんかい》まで裁判《さいばん》を受《う》けられる制度《せいど》があります。第一審《だいいっしん》の判決《はんけつ》に不服《ふふく》であれば第二審《だいにしん》、それでも不服《ふふく》なら第三審《だいさんしん》まで上訴《じょうそ》できます。不服申《ふふくもう》し立《た》てを認《みと》めることだけでなく、判決《はんけつ》の誤《あやま》りや不適切《ふてきせつ》さを防《ふせ》ぐという意味《いみ》もあります。

最高裁判所《さいこうさいばんしょ》の裁判《さいばん》が最終《さいしゅう》なので、最高裁判《さいこうさいばん》所《しょ》の判決結果《はんけつけっか》は判例《はんれい》として、その後《ご》の訴訟《そしょう》に影響《えいきょう》を与《あた》えることになります。

また、被告《ひこく》は人権保護《じんけんほご》と、言《い》い分《ぶん》を正当《せいとう》に表明《ひょうめい》する目的《もくてき》で弁護士《べんごし》を雇《やと》うことができます。

最高裁判所《さいこうさいばんしょ》の裁判官《さいばんかん》は国民《こくみん》から適切《てきせつ》かどうか審査《しんさ》を受《う》けます。裁判官《さいばんかん》としてふさわしくない行為《こうい》をした場合《ばあい》、国会《こっかい》に設置《せっち》される弾劾《だんがい》裁判所《さいばんしょ》で裁《さば》かれます。

また、裁判所《さいばんしょ》は法律《ほうりつ》が憲法《けんぽう》に違反《いはん》していないかを判断《はんだん》する、違憲立法審査権《いけんりっぽうしんさけん》という権限《けんげん》を持《も》っています。

新《あたら》しい制度《せいど》として、国民《こくみん》が裁判員《さいばんいん》として裁《さい》判《ばん》に参加《さんか》する裁判員制度《さいばんいんせいど》が始《はじ》まります。裁判員《さいばんいん》は二十歳《はたち》以上《いじょう》の国民《こくみん》から抽選《ちゅうせん》で選《えら》ばれます。

地方自治《ちほうじち》

東京《とうきょう》都《と》庁《ちょう》

地方自治《ちほうじち》
ドッキリ探検《たんけん》の巻《まき》
くさい
ったく なんで下水道《げすいどう》に 来《こ》なきゃ ならんのだ
こんなことは 下水道局《げすいどうきょく》に まかせりゃ いいのに
しかたない ですよ ワニがいると いう情報《じょうほう》が あったんですから

両《りょう》さんメモ

地方《ちほう》自治《じち》を行《おこな》う単位《たんい》である都道府県《とどうふけん》や市町村《しちょうそん》を、地方自治体《ちほうじちたい》、または地方公共団体《ちほうこうきょうだんたい》と呼《よ》びます。都道府県《とどうふけん》と市町村《しちょうそん》を普通《ふつう》地方公共《ちほうこうきょう》団体《だんたい》といい、東京都《とうきょうと》の23区《く》は他《ほか》とは少《すこ》し形態《けいたい》が異《こと》なるので特別《とくべつ》地方公共団体《ちほうこうきょうだんたい》といいます。

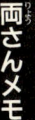

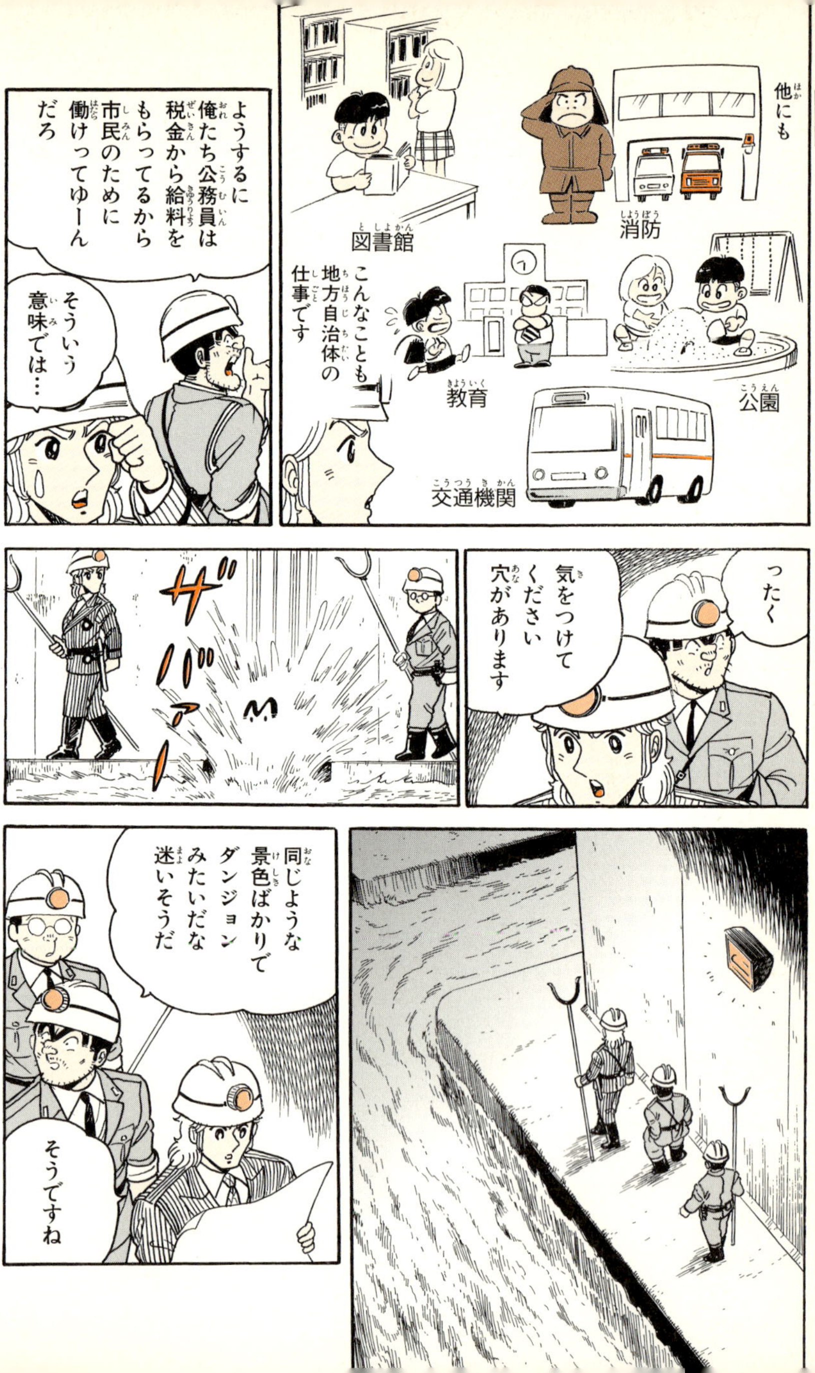
他《ほか》にも
消防《しょうぼう》
図書館《としょかん》
教育《きょういく》
公園《こうえん》
交通機関《こうつうきかん》
こんなことも地方自治体《ちほうじちたい》の仕事《しごと》です
ようするに俺《おれ》たち公務員《こうむいん》は税金《ぜいきん》から給料《きゅうりょう》をもらってるから市民《しみん》のために働《はたら》けってゆーんだろ
そういう意味《いみ》では…
ったく
気《き》をつけてください穴《あな》があります
ザバァ
同《おな》じような景色《けしき》ばかりでダンジョンみたいだな迷《まよ》いそうだ
そうですね

寺井洋一《てらいよういち》
亀有公園前派出所勤務《かめありこうえんまえはしゅつじょきんむ》の警察官《けいさつかん》。両《りょう》さんや中川《なかがわ》にくらべるといたってまじめでふつうの人《ひと》。

一応《いちおう》地図《ちず》に印《しるし》をつけてますが……
そろそろですが………
不法投棄《ふほうとうき》されたゴミが流《なが》されてここにたまったんですね
下水道《げすいどう》の清掃《せいそう》はしているんですけれどね…
あれは!!

両《りょう》さんメモ

住民基本台帳《じゅうみんきほんだいちょう》ネットワークシステム(住基《じゅうき》ネット)は、国民全員《こくみんぜんいん》に番号《ばんごう》をつけ、情報《じょうほう》をコンピューターでつないで全国的《ぜんこくてき》に管理《かんり》するシステムですが、個人情報《こじんじょうほう》がもれないかなどの心配《しんぱい》もあります。

金《かね》だ!!
先輩《せんぱい》どうしたんです?
いや別《べつ》に……
ネコババは※横領罪《おうりょうざい》だけど…
警察《けいさつ》
正直《しょうじき》に届《とど》けても自分《じぶん》のものになるという保証《ほしょう》はないし……
先輩《せんぱい》こっちですよ
探《さが》せばまだまだありそうだな後《あと》で来《く》るか
ここでワニが目撃《もくげき》されたそうです

※他人《たにん》や公共《こうきょう》のものを権利《けんり》もないのに自分《じぶん》のものとすること。

対岸《たいがん》から ここにワニが いるのが 見《み》えたそう ですが……
ワニなんか いないぞ
いました
クロコダイル シューズ
軽量爽快！
なんだ カンバン じゃねぇか
このカンバンが 水《みず》に反射《はんしゃ》したのを 見《み》まちがえ たんですよ きっと
クロコ
軽量爽快
なるほど な

両《りょう》さんメモ

ある特定《とくてい》の地域《ちいき》の中《なか》でだけ、通用《つうよう》する通貨《つうか》を地域通貨《ちいきつうか》といいます。国《くに》の通貨《つうか》である「円《えん》」とはちがったお金《かね》といえるでしょう。物《もの》と交換《こうかん》できるものもあり、ボランティアやサービスのお礼《れい》としてやりとりするものもあります。人々《ひとびと》の交流《こうりゅう》に役立《やくだ》っています。

よし とっとと 帰《かえ》ろうぜ
そう ですね
その夜《よる》――
ねぇ こわいよ もう帰《かえ》ろうよ こんな夜中《よなか》に 来《こ》なくとも
うるせえな どうせヒマ なんだろ
万札《まんさつ》が 浮《う》いて るんだぞ
おまえ新《あたら》しい バイクが ほしいって いってたよな
それは そうだけど ……
おまえは しっかり地図《ちず》を 確認《かくにん》してれば いいんだ 迷子《まいご》にならない ようにな
うっうん

きゃあーっ
ばか ネズミじゃ ねぇか
たしか このへんで……
見《み》ろ 金《かね》だ!!
ホントだ

きゃああ〜っ
なんだまたネズミか？
ザザーー
うわっ
なんでワニがいるの!?
そんな話《はなし》聞《き》いてないよ！
昼間《ひるま》はいなかったんだ!!
パクッ
この先《さき》でふた手《て》に分《わ》かれてワニをまくぞ

両《りょう》さんメモ

警視庁《けいしちょう》の管轄《かんかつ》で、1日《にち》に110番《ばん》の電話《でんわ》のかかってくる件数《けんすう》は約《やく》5000件《けん》です。そのうちで、本当《ほんとう》に事件性《じけんせい》のあるものは約半数《やくはんすう》くらいだといいます。一番多《いちばんおお》いのは交通事故《こうつうじこ》の通報《つうほう》です。

なんで同《おな》じ方《ほう》に来《く》るんだ!?
ひとりにしないで
出口《でぐち》はどっちだ!?
メチャクチャに逃《に》げてるんだもんわからないよ!!
あ〜〜ん足《あし》が勝手《かって》に
うわ
ザザザーッ
坂《さか》だ!!

わっ
ザザーッ!
ザザー
ベタッ
よし 出口《でぐち》だ 登《のぼ》るぞ
本田《ほんだ》 重《おも》い!! 自分《じぶん》で登《のぼ》れ
イヤだ こわい

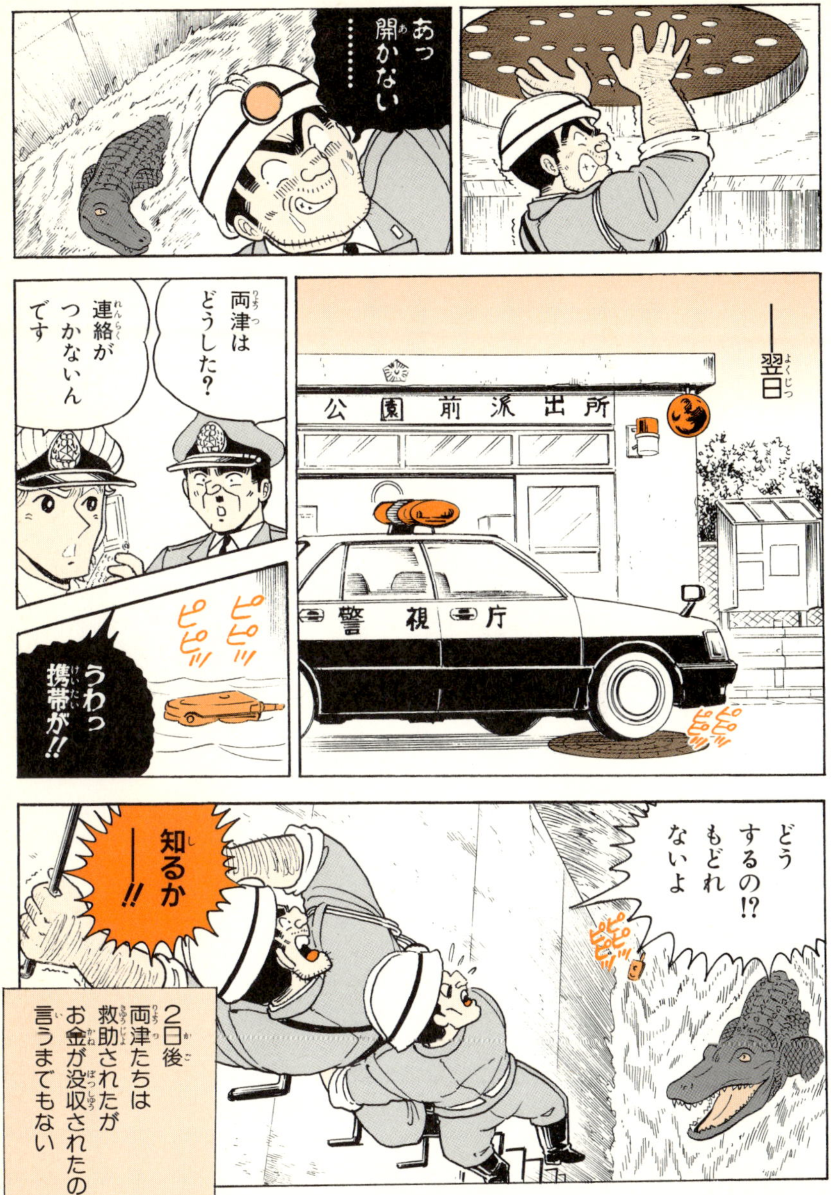

あっ 開《あ》かない……………
──翌日《よくじつ》
公園前派出所
警視庁
ピピッ ピピッ
両津《りょうつ》は どうした?
連絡《れんらく》が つかないん です
ピピッ ピピッ
うわっ 携帯《けいたい》が!!
どう するの!? もどれ ないよ
ピピッ ピピッ
知《し》るか──!!
2日後《ご》 両津《りょうつ》たちは 救助《きゅうじょ》されたが お金《かね》が没収《ぼっしゅう》されたのは 言《い》うまでもない

地方自治《ちほうじち》

自分《じぶん》の住《す》む地域《ちいき》の政治《せいじ》は自分《じぶん》たちで

東京《とうきょう》 だんべや
山奥村
地方《ちほう》の じいさん 地方《ちほう》じじい

住民《じゅうみん》の日常生活《にちじょうせいかつ》を 支《ささ》える身近《みぢか》な政治《せいじ》 それが地方自治《ちほうじち》だ 国《くに》の政治《せいじ》とちがい 地域《ちいき》ごとに 行《おこな》われるんだ
地域《ちいき》の政治《せいじ》だから とても身近《みぢか》よね 憲法《けんぽう》でも 地方自治《ちほうじち》は みとめられて いるのよ
地方自治体《ちほうじちたい》の おもな仕事《しごと》
憲法《けんぽう》や法律《ほうりつ》に 違反《いはん》しなければ その地方《ちほう》だけに 通用《つうよう》するきまり である条例《じょうれい》を 作《つく》ることができる
橋《はし》や道路《どうろ》の 建設《けんせつ》
¥
Jo
Rei
予算《よさん》や条例作成《じょうれいさくせい》
公営住宅《こうえいじゅうたく》の建設《けんせつ》
生活保護《せいかつほご》など社会保障《しゃかいほしょう》

都道府県知事《とどうふけんちじ》や市町村長《しちょうそんちょう》は首長《しゅちょう》と呼《よ》ばれるんだ

地方自治《ちほうじち》のしくみ

地方自治《ちほうじち》は、各地方自治体《かくちほうじちたい》ごとに行《おこな》われます。地《ち》方自治体《ほうじちたい》の基礎的《きそてき》な単位《たんい》が市町村《しちょうそん》で、市町村《しちょうそん》が集《あつ》まった広《ひろ》いものが都道府県《とどうふけん》です。

都道府県《とどうふけん》と市町村《しちょうそん》の関係《かんけい》

都道府県《とどうふけん》と市町村《しちょうそん》は、それぞれに合《あ》った役割《やくわり》を分担《ぶんたん》しています。国《くに》や都道府県《とどうふけん》は、市《し》町村《ちょうそん》を指導《しどう》する役割《やくわり》もありますが、対等《たいとう》で協力《きょうりょく》し合《あ》う関係《かんけい》なのです。

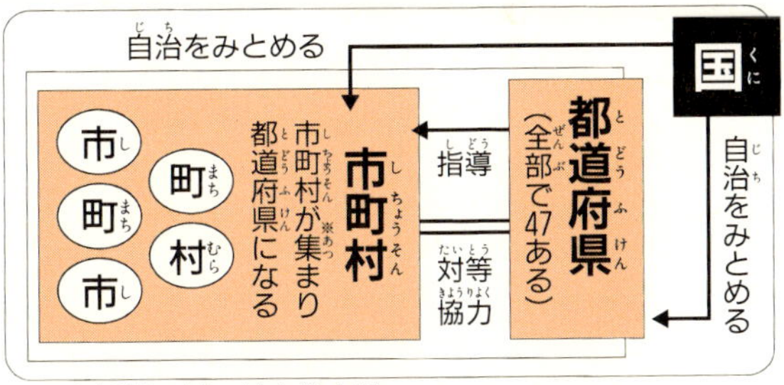
国《くに》
自治《じち》をみとめる
自治《じち》をみとめる
都道府県《とどうふけん》（全部《ぜんぶ》で47ある）
指導《しどう》
対等《たいとう》協力《きょうりょく》
市町村《しちょうそん》
市町村《しちょうそん》が集《あつ》まり※都道府県《とどうふけん》になる
市《し》
町《まち》
町《まち》
村《むら》
市《し》

※市町村《しちょうそん》の数《かず》は各都道府県《かくとどうふけん》によってちがう。

地方自治体《ちほうじちたい》のしくみ

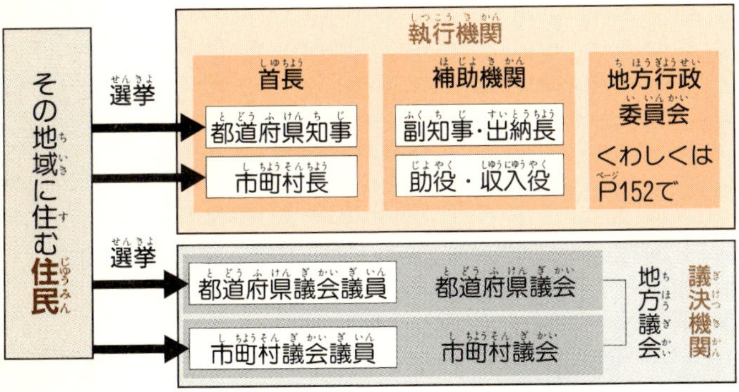
執行機関《しっこうきかん》
首長《しゅちょう》
都道府県知事《とどうふけんちじ》
市町村長《しちょうそんちょう》
補助機関《ほじょきかん》
副知事《ふくちじ》・出納長《すいとうちょう》
助役《じょやく》・収入役《しゅうにゅうやく》
地方行政《ちほうぎょうせい》委員会《いいんかい》
くわしくはP《ページ》152で
その地域《ちいき》に住《す》む住民《じゅうみん》
選挙《せんきょ》
選挙《せんきょ》
都道府県議会議員《とどうふけんぎかいぎいん》
都道府県議会《とどうふけんぎかい》
市町村議会議員《しちょうそんぎかいぎいん》
市町村議会《しちょうそんぎかい》
地方議会《ちほうぎかい》
議決機関《ぎけつきかん》

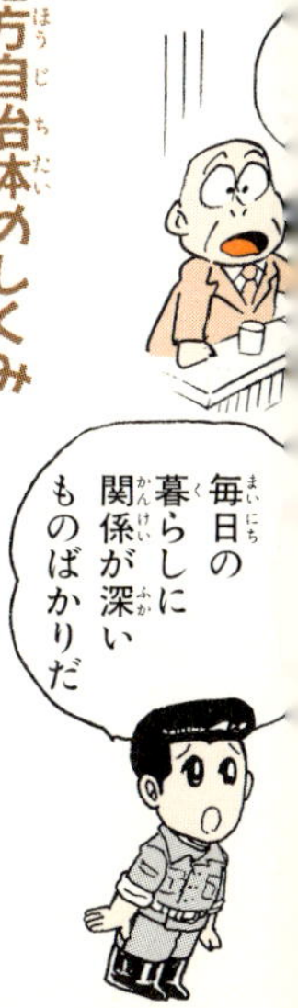
毎日《まいにち》の暮《く》らしに関係《かんけい》が深《ふか》いものばかりだ

地方自治体《ちほうじちたい》には、執行機関《しっこうきかん》と議決機関《ぎけつきかん》があります。

- 執行機関《しっこうきかん》…議決機関《ぎけつきかん》の決定《けってい》に基《もと》づき、実際《じっさい》の仕事《しごと》を行《おこな》う機関《きかん》。
- 議決機関《ぎけつきかん》…予算決定《よさんけってい》や条例《じょうれい》制定《せいてい》など基本方針《きほんほうしん》を決定《けってい》。

一票
都道府県知事《とどうふけんちじ》と市町村長《しちょうそんちょう》と議会《ぎかい》の議員《ぎいん》は選挙《せんきょ》で選《えら》ばれる住民《じゅうみん》の代表《だいひょう》だ

専門的《せんもんてき》なことをあつかう機関《きかん》が地方行政委員会《ちほうぎょうせいいいんかい》なのよ

より身近《みぢか》な、市町村《しちょうそん》のしくみを見《み》てみましょう。

細《こま》かくしくみを見《み》てみよう

市町村長《しちょうそんちょう》　**市町村議会《しちょうそんぎかい》**

※1助役《じょやく》　**※2収入役《しゅうにゅうやく》**

地方行政委員会《ちほうぎょうせいいいんかい》

おもな委員会《いいんかい》と委員《いいん》

教育委員会《きょういくいいんかい》

教育《きょういく》やスポーツの振興《しんこう》などの仕事《しごと》。

選挙管理委員会《せんきょかんりいいんかい》

選挙《せんきょ》に関《かん》する仕事《しごと》。

監査委員《かんさいいん》

自治体《じちたい》の予算《よさん》や仕事《しごと》を監督《かんとく》する。

都道府県《とどうふけん》には、警察《けいさつ》の仕事《しごと》を管理《かんり》する公《こう》安委員会《あんいいんかい》もある。

市役所《しやくしょ》、町村役場《ちょうそんやくば》のおもな部署《ぶしょ》

総務部《そうむぶ》

役所《やくしょ》の人事《じんじ》や文書《ぶんしょ》の管理《かんり》。予算《よさん》の使《つか》い道《みち》や税金《ぜいきん》に関《かん》する業務《ぎょうむ》など。

市民部《しみんぶ》

戸籍《こせき》や住民票《じゅうみんひょう》、印鑑登録《いんかんとうろく》などさまざまな届《とど》け出《で》や、市民相談《しみんそうだん》の受《う》け付《つ》け業務《ぎょうむ》。

保健福祉部《ほけんふくしぶ》

高齢者《こうれいしゃ》やひとり親家庭《おやかてい》、障害者《しょうがいしゃ》に対《たい》する福祉《ふくし》などの業務《ぎょうむ》。保健所《ほけんじょ》の業務《ぎょうむ》。

環境部《かんきょうぶ》

ゴミの収集《しゅうしゅう》やリサイクルの業務《ぎょうむ》。きれいな環境作《かんきょうづく》りを目指《めざ》す業務《ぎょうむ》。

都市整備部《としせいびぶ》

まちづくりの計画《けいかく》や、道路《どうろ》、公園《こうえん》の整備《せいび》などの業務《ぎょうむ》。

水道部《すいどうぶ》

水道《すいどう》に関《かか》わる業務《ぎょうむ》。

他《ほか》にもさまざまな部署《ぶしょ》があり、自治体《じちたい》によって部署《ぶしょ》の呼《よ》び方《かた》も、多少《たしょう》ちがっている。

生活《せいかつ》に密着《みっちゃく》したものが多《おお》いね

地方議会《ちほうぎかい》

議会《ぎかい》では条例《じょうれい》や予算《よさん》について話《はな》し合《あ》う

地方議会《ちほうぎかい》は一院制《いちいんせい》です。

「※3地方自治《ちほうじち》は民主主義《みんしゅしゅぎ》の学校《がっこう》である」といわれてるわ

※1・副市町村長《ふくしちょうそんちょう》のこと。

※2・会計事務《かいけいじむ》の仕事《しごと》を担当《たんとう》。

※3・イギリスのブライスという人《ひと》の言葉《ことば》。

首長《しゅちょう》と地方議会《ちほうぎかい》

首長《しゅちょう》と議会《ぎかい》は独立《どくりつ》している
地方自治
知事
議会

議決機関《ぎけつきかん》は条例《じょうれい》や予算《よさん》の決定《けってい》をし、執行機関《しっこうきかん》は決定《けってい》されたことを実行《じっこう》します。

首長《しゅちょう》も地方議会議員《ちほうぎかいぎいん》も住民《じゅうみん》の直接選挙《ちょくせつせんきょ》で選《えら》ばれ、お互《たが》い行《ゆ》き過《す》ぎがないよう抑制《よくせい》する関係《かんけい》にあります。

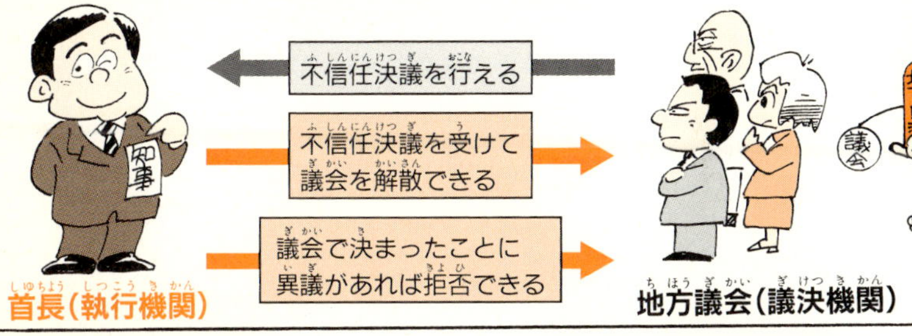
知事
不信任決議《ふしんにんけつぎ》を行《おこな》える
不信任決議《ふしんにんけつぎ》を受《う》けて議会《ぎかい》を解散《かいさん》できる
議会《ぎかい》で決《き》まったことに異議《いぎ》があれば拒否《きょひ》できる
首長《しゅちょう》（執行機関《しっこうきかん》）
地方議会《ちほうぎかい》（議決機関《ぎけつきかん》）

地方《ちほう》の財政《ざいせい》

〈平成《へいせい》16年版《ねんばん》 地方財政白書《ちほうざいせいはくしょ》〉より

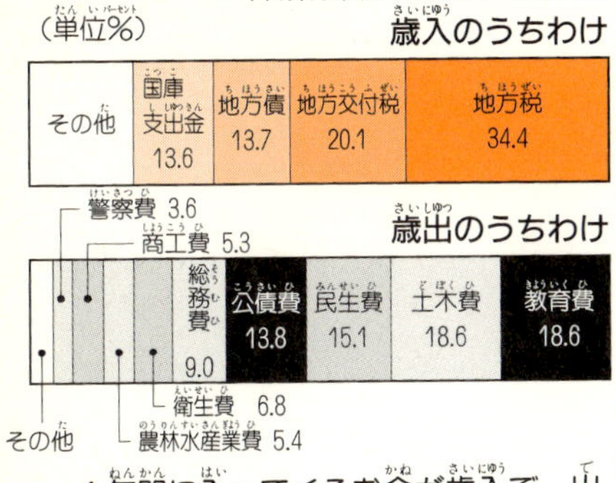
（単位《たんい》%《パーセント》）
歳入《さいにゅう》のうちわけ
その他《た》
国庫《こっこ》支出金《ししゅつきん》 13.6
地方債《ちほうさい》 13.7
地方交付税《ちほうこうふぜい》 20.1
地方税《ちほうぜい》 34.4
歳出《さいしゅつ》のうちわけ
警察費《けいさつひ》 3.6
商工費《しょうこうひ》 5.3
総務費《そうむひ》 9.0
公債費《こうさいひ》 13.8
民生費《みんせいひ》 15.1
土木費《どぼくひ》 18.6
教育費《きょういくひ》 18.6
衛生費《えいせいひ》 6.8
その他《た》
農林水産業費《のうりんすいさんぎょうひ》 5.4

１年間《ねんかん》に入《はい》ってくるお金《かね》が歳入《さいにゅう》で、出《で》ていくお金《かね》が歳出《さいしゅつ》です。地方税《ちほうぜい》は自治体《じちたい》が集《あつ》める税金《ぜいきん》で、地方交付税《ちほうこうふぜい》と国庫《こっこ》支出金《ししゅつきん》は、国《くに》からの援助《えんじょ》です。地方《ちほう》債《さい》は一種《いっしゅ》の借金《しゃっきん》です。

援助《えんじょ》と借金《しゃっきん》がないと足《た》りないのか

住民《じゅうみん》の権利《けんり》

地方自治体《ちほうじちたい》では、住民《じゅうみん》の声《こえ》が政《せい》治《じ》に反映《はんえい》するよう、自治体《じちたい》や議会《ぎかい》に次《つぎ》のような直接請求《ちょくせつせいきゅう》ができます。

① ※条例《じょうれい》の制定《せいてい》や改廃《かいはい》の請求《せいきゅう》。

②自治体《じちたい》の仕《し》事《ごと》が正《ただ》しく行《おこな》われているかどうか調査《ちょうさ》することを、監査委員《かんさいいん》に請求《せいきゅう》。

③議会《ぎかい》の解散請求《かいさんせいきゅう》。

④議員《ぎいん》や首長《しゅちょう》の解職請求《かいしょくせいきゅう》。

検討しろ!!
調べろ!!
やめろ!

※①②は有権者《ゆうけんしゃ》の50分《ぶん》の１、③④は有《ゆう》権者《けんしゃ》の３分《ぶん》の１の署名《しょめい》が必要《ひつよう》。

地方《ちほう》自治体《じちたい》が運営《うんえい》しているものだよ
消防《しょうぼう》の仕事《しごと》
警察《けいさつ》の仕事《しごと》
ゴミ処理《しょり》
保健所《ほけんじょ》の仕事《しごと》
日常生活《にちじょうせいかつ》に密接《みっせつ》なものばかりね
水道《すいどう》に関《かん》する仕事《しごと》
公立病院《こうりつびょういん》の運営《うんえい》
公立学校《こうりつがっこう》
公営《こうえい》バス・地下鉄《ちかてつ》など公共交通機関《こうきょうこうつうきかん》の運営《うんえい》や公園《こうえん》の管理《かんり》
利用《りよう》したことあるものばかりだろ?
公営《こうえい》ホール

警察署《けいさつしょ》の仕事《しごと》
安全《あんぜん》で住《す》みやすい町《まち》に
警察《けいさつ》の仕事《しごと》を見《み》てみよう
わしらの仕事《しごと》だな!!
人々《ひとびと》の安全《あんぜん》を守《まも》るのが警察《けいさつ》の仕事《しごと》だよ
警察《けいさつ》は国《くに》の機関《きかん》の※警察庁《けいさつちょう》と地方自治体《ちほうじちたい》の運営《うんえい》する都道府県警《とどうふけんけい》からなっているの
※内閣府《ないかくふ》の管轄《かんかつ》にある国《くに》の役所《やくしょ》。
東京都《とうきょうと》の警察《けいさつ》をまとめる警視庁《けいしちょう》だ
他《ほか》の道府県《どうふけん》では警察本部《けいさつほんぶ》というのよ
全国《ぜんこく》の警察《けいさつ》をまとめるのが警察庁《けいさつちょう》だよ
〈国《くに》〉
内閣府《ないかくふ》
警察庁《けいさつちょう》
〈地方《ちほう》〉
各警察本部《かくけいさつほんぶ》と警視庁《けいしちょう》
各警察署《かくけいさつしょ》

都道府県警《とどうふけんけい》のしくみ

都道府県公安委員会《とどうふけんこうあんいいんかい》 ― **道府県警察本部《どうふけんけいさつほんぶ》と警視庁《けいしちょう》**

- **総務部《そうむぶ》** 広報《こうほう》、会計《かいけい》
- **警備部《けいびぶ》** 災害救助《さいがいきゅうじょ》、重要施設《じゅうようしせつ》の警備《けいび》
- **警務部《けいむぶ》** 職員《しょくいん》の監察《かんさつ》
- **地域部《ちいきぶ》** パトロール
- **交通部《こうつうぶ》** 交通指導《こうつうしどう》、運転免許《うんてんめんきょ》
- **生活安全部《せいかつあんぜんぶ》** 防犯指導《ぼうはんしどう》
- **刑事部《けいじぶ》** 犯罪捜査《はんざいそうさ》
- **警察学校《けいさつがっこう》** 警察官育成《けいさつかんいくせい》

各警察署《かくけいさつしょ》 交番《こうばん》・駐在所《ちゅうざいしょ》

部《ぶ》の分《わ》け方《かた》は都道《とどう》府県《ふけん》によって多少《たしょう》ちがいます。

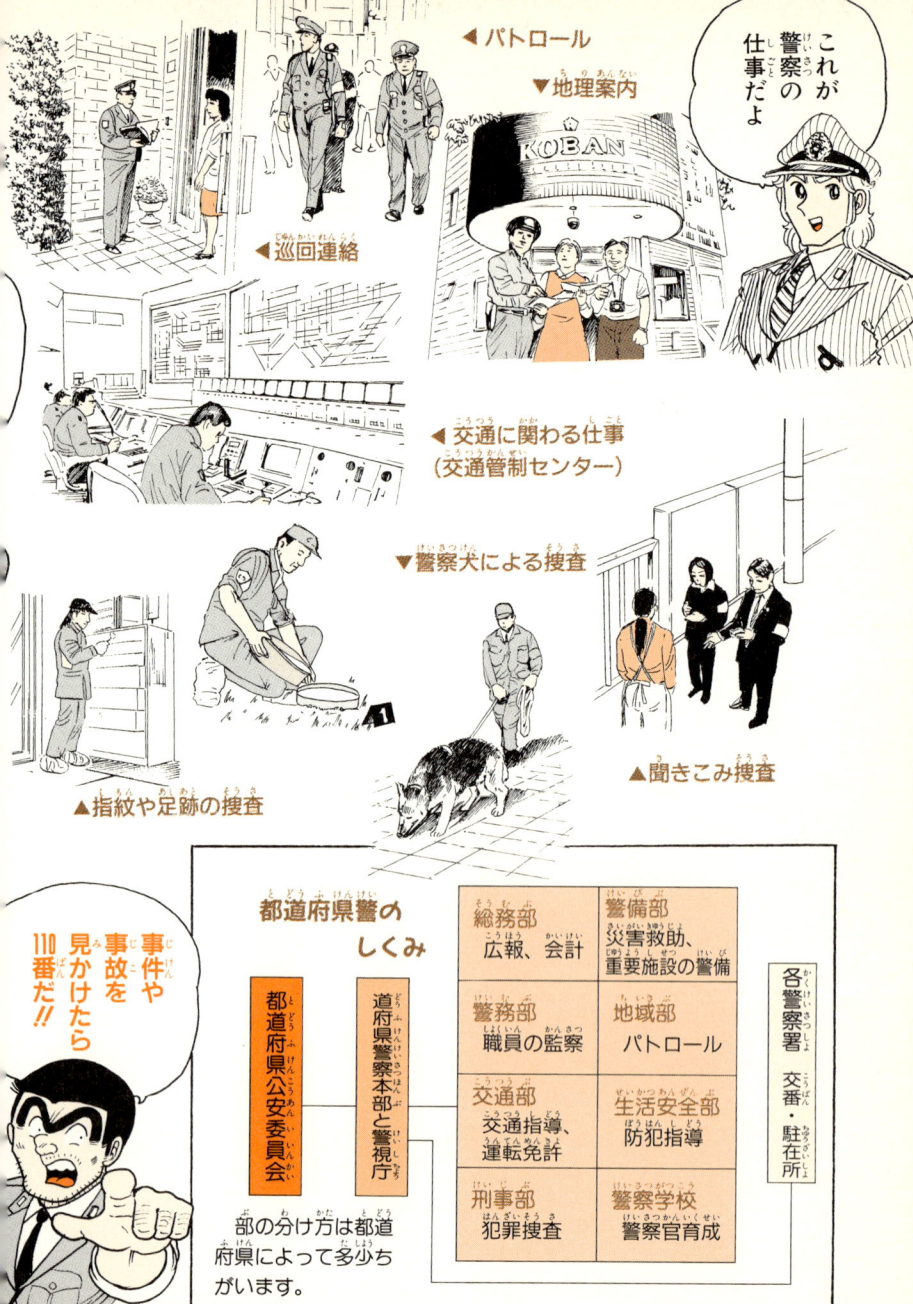

▲通信指令《つうしんしれい》センター

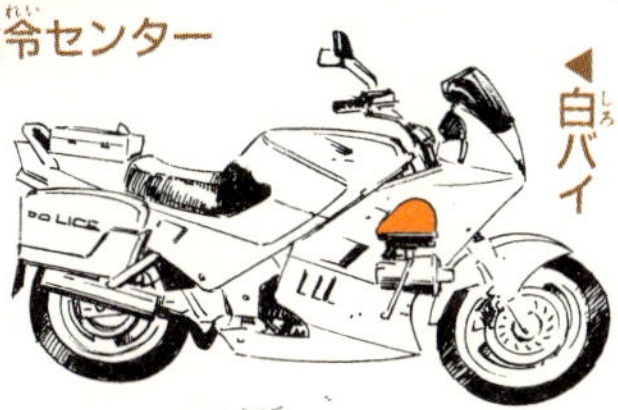

◀白《しろ》バイ

▲パトカー

▼機動隊《きどうたい》

▲ヘリコプター

▲水上警備艇《すいじょうけいびてい》

110番《ばん》のかけ方《かた》

110番《ばん》に通報《つうほう》する時《とき》は、右《みぎ》のようなことを聞《き》かれます。また、いたずらで通報《つうほう》するのは絶対《ぜったい》にやめましょう。

水道局《すいどうきょく》の仕事《しごと》

きれいで安全《あんぜん》な水《みず》を供給《きょうきゅう》

　上水道《じょうすいどう》の仕事《しごと》が水道《すいどう》局《きょく》、下水道《げすいどう》の仕事《しごと》が下《げ》水道局《すいどうきょく》です。
　自治体《じちたい》によっては、ふたつを統合《とうごう》して、上《じょう》下水道局《げすいどうきょく》になっているところもあります。

飲《の》み水《みず》や生活排水《せいかつはいすい》はどこから来《き》てどこへ行《い》くんだろう?

ダムや川《かわ》の水《みず》はこういった設備《せつび》を通《とお》って飲《の》める水道水《すいどうすい》になるのよ

水道局《すいどうきょく》ではこんな仕事《しごと》もしているぞ
水道工事《すいどうこうじ》
オーライ
水道《すいどう》メーター検針《けんしん》
¥
調査《ちょうさ》

ダム	たくさんの水《みず》を貯《た》める場《ば》所《しょ》。水《みず》の落《お》ちる力《ちから》を利用《りよう》して、発電《はつでん》にも使《つか》われる。
取水場《しゅすいじょう》	ダムや川《かわ》から水《みず》を取《と》り入《い》れるところ。
浄水場《じょうすいじょう》	取《と》り入《い》れた水《みず》から砂《すな》や泥《どろ》を取《と》り除《のぞ》いたり、消毒《しょうどく》してきれいな水《みず》にする。
給水場《きゅうすいじょう》	きれいになった水《みず》を溜《た》め、配水管《はいすいかん》を通《つう》じて家庭《かてい》や会社《かいしゃ》、工場《こうじょう》などに水《みず》を送《おく》る。

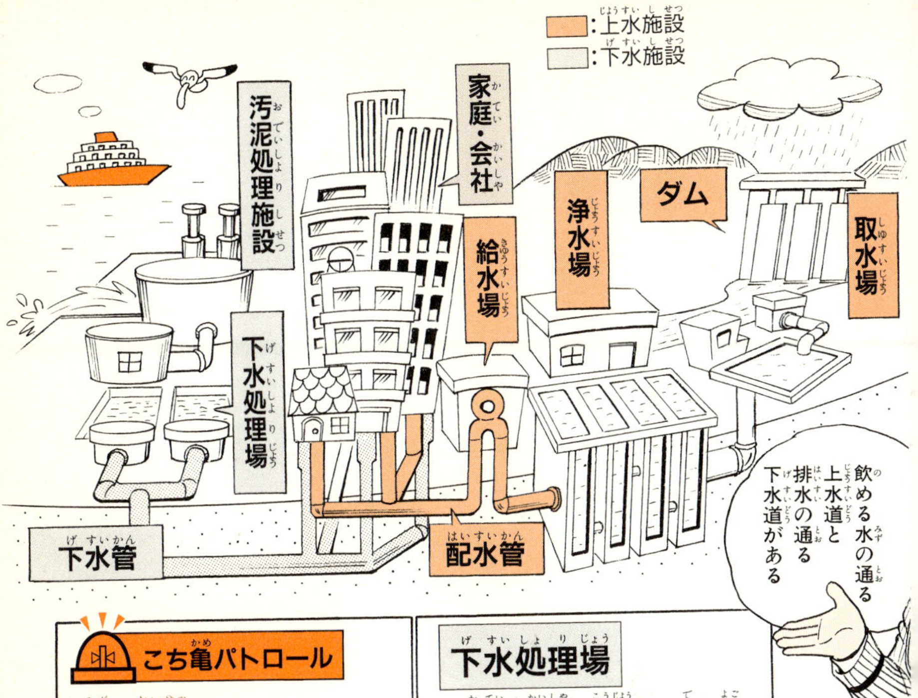

:上水施設《じょうすいしせつ》
:下水施設《げすいしせつ》
汚泥処理施設《おでいしょりしせつ》
家庭《かてい》・会社《かいしゃ》
ダム
浄水場《じょうすいじょう》
取水場《しゅすいじょう》
給水場《きゅうすいじょう》
下水処理場《げすいしょりじょう》
下水管《げすいかん》
配水管《はいすいかん》
飲《の》める水《みず》の通《とお》る上水道《じょうすいどう》と排水《はいすい》の通《とお》る下水道《げすいどう》がある

こち亀《かめ》パトロール

水《みず》を大切《たいせつ》に！

毎日《まいにち》の暮《く》らしに重要《じゅうよう》な水《みず》は、限《かぎ》りあるものなんだぞ。水《みず》が足《た》りなくなってしまったら大変《たいへん》だ。

そのためにも、シャワーはこまめに止《と》めるとか、歯《は》みがきの時《とき》も水《みず》を出《だ》しっぱなしにしないとか、水《みず》を大切《たいせつ》にしような！

下水処理場《げすいしょりじょう》

家庭《かてい》や会社《かいしゃ》や工場《こうじょう》から出《で》た汚《よご》れた水《みず》をきれいにして、川《かわ》や海《うみ》に流《なが》せるようにする。

汚泥処理施設《おでいしょりしせつ》

水《みず》をきれいに処理《しょり》する時《とき》に出《で》た泥《どろ》から、水分《すいぶん》を抜《ぬ》き、無害《むがい》なものにして、れんがなどにリサイクルする。

家庭《かてい》や工場《こうじょう》から出《で》る汚《よご》れた水《みず》をきれいにするのが下水処理《げすいしょり》なんだ

水《みず》もれ

清掃局《せいそうきょく》の仕事《しごと》
ゴミを集《あつ》めて処理《しょり》する

生ゴミ 月・水 金
みんなが捨《す》てたゴミがどう処理《しょり》されるか知《し》ってるか？
清掃工場《せいそうこうじょう》で焼却《しょうきゃく》
もえるゴミ
もえないゴミ（分別《ぶんべつ》ゴミ）
不燃《ふねん》ゴミ処理施設《しょりしせつ》で分別《ぶんべつ》される
洗剤
ちゃんとゴミを分別《ぶんべつ》して捨《す》ててる？
粗大《そだい》ゴミ
資源《しげん》ゴミ
水
リサイクルして再利用《さいりよう》される

ゴミの収集《しゅうしゅう》は市町村《しちょうそん》単位《たんい》で行《おこな》っているよ

ゴミ収集日	
可燃ゴミ	月 木
分別ゴミ	土
資源ゴミ	金
粗大ゴミ	申込制

うめ立《た》て地《ち》に運《はこ》ばれる

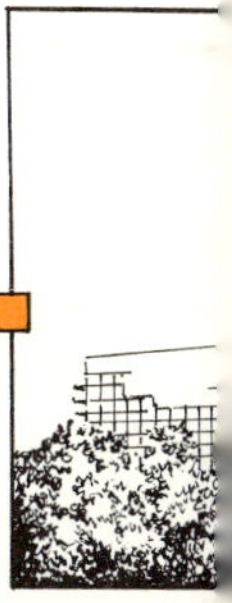

貴重《きちょう》な資源《しげん》を大切《たいせつ》にしよう

リサイクルできる金属《きんぞく》は回収《かいしゅう》される

牛乳

こち亀《かめ》パトロール

リサイクルしよう！

ゴミを再《ふたた》び使《つか》えるものに作《つく》り変《か》えることをリサイクルというぞ。

たとえば空《から》のペットボトルは、衣類《いるい》やプラスチックの原料《げんりょう》に、リサイクルされるんだ。

ゴミを細《こま》かくくだく

消防署《しょうぼうしょ》の仕事《しごと》

災害《さいがい》からみんなを守《まも》る

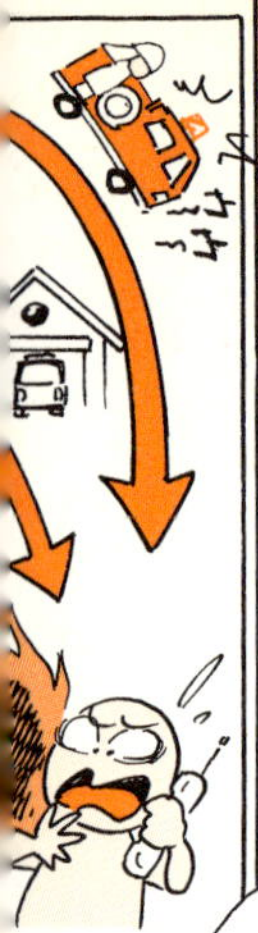

火事《かじ》の消火《しょうか》や急病人《きゅうびょうにん》やケガ人《にん》を病院《びょういん》に運《はこ》ぶこと防災《ぼうさい》の指導《しどう》などが消防署《しょうぼうしょ》の仕事《しごと》だぞ

119番《ばん》の通報《つうほう》は各地域《かくちいき》の消防本部《しょうぼうほんぶ》の通信指令室《つうしんしれいしつ》につながるわよ

ポンプ車《しゃ》

消防機関《しょうぼうきかん》
市町村単位《しちょうそんたんい》に消防本部《しょうぼうほんぶ》または消防署《しょうぼうしょ》（大《おお》きな都市《とし》は庁《ちょう》や局《きょく》）を置《お》いています。

東京消防庁《とうきょうしょうぼうちょう》・災害救急情報《さいがいきゅうきゅうじょうほう》センター（通信指令室《つうしんしれいしつ》）

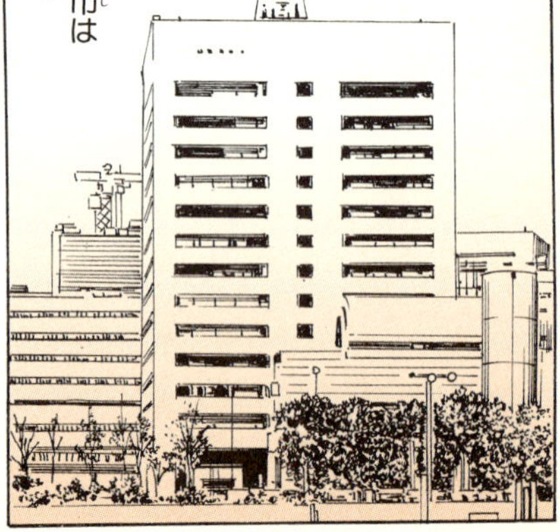

東京都《とうきょうと》のほとんどの地域《ちいき》の防《ぼう》災業務《さいぎょうむ》を受《う》け持《も》つ東京消防庁《とうきょうしょうぼうちょう》▶

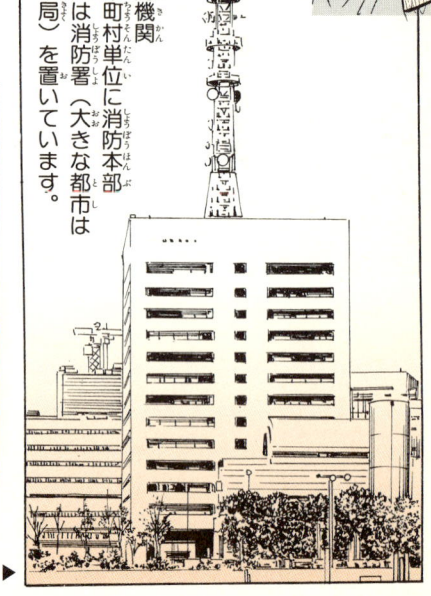

消火《しょうか》・救急《きゅうきゅう》以外《いがい》の仕事《しごと》

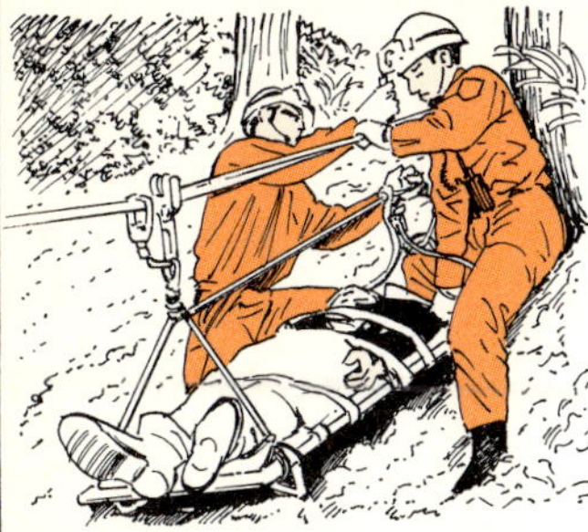

災害救助《さいがいきゅうじょ》

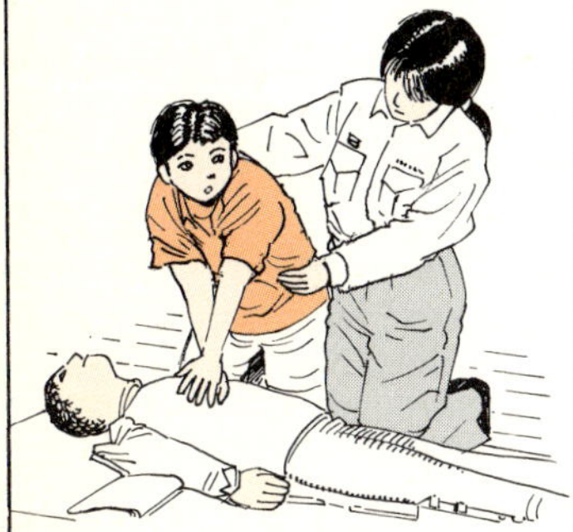

応急処置《おうきゅうしょち》の指導《しどう》

ヘリコプターによる
広報活動《こうほうかつどう》など

人《ひと》びとの安全《あんぜん》を守《まも》る大切《たいせつ》な仕事《しごと》だね

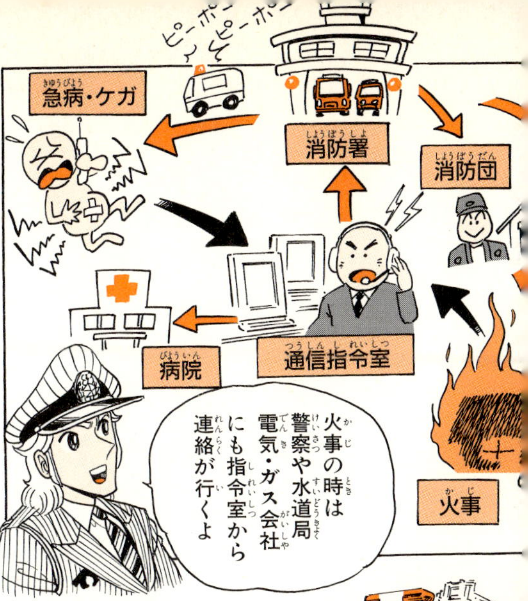

ピーポー ピーポー
急病《きゅうびょう》・ケガ
消防署《しょうぼうしょ》
消防団《しょうぼうだん》
通信指令室《つうしんしれいしつ》
病院《びょういん》
火事《かじ》
火事《かじ》の時《とき》は警察《けいさつ》や水道局《すいどうきょく》電気《でんき》・ガス会社《がいしゃ》にも指令室《しれいしつ》から連絡《れんらく》が行《い》くよ

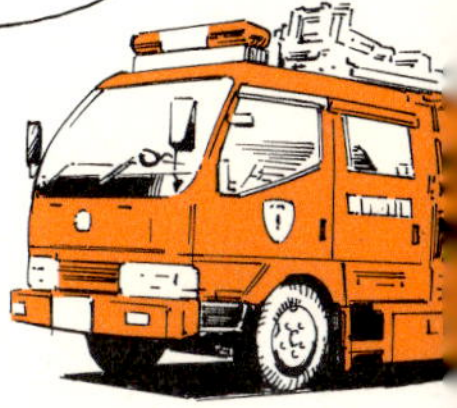

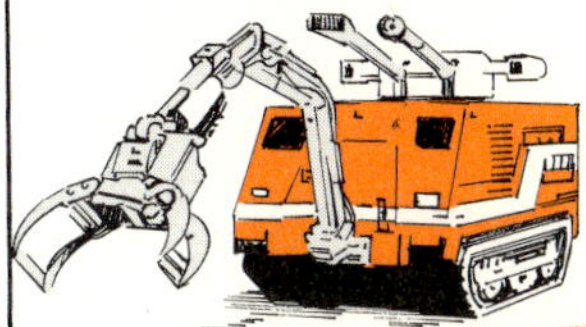

無人走行放水車《むじんそうこうほうすいしゃ》

消防署《しょうぼうしょ》で活躍《かつやく》する車《くるま》

救急車《きゅうきゅうしゃ》

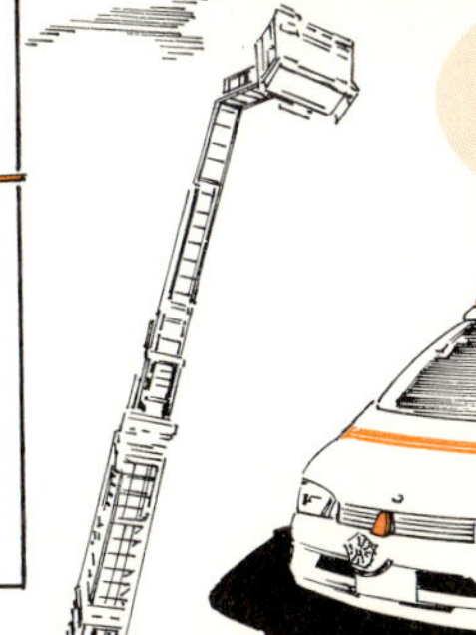

はしご車《しゃ》

他《ほか》にもさまざまな車《くるま》が活躍《かつやく》している。

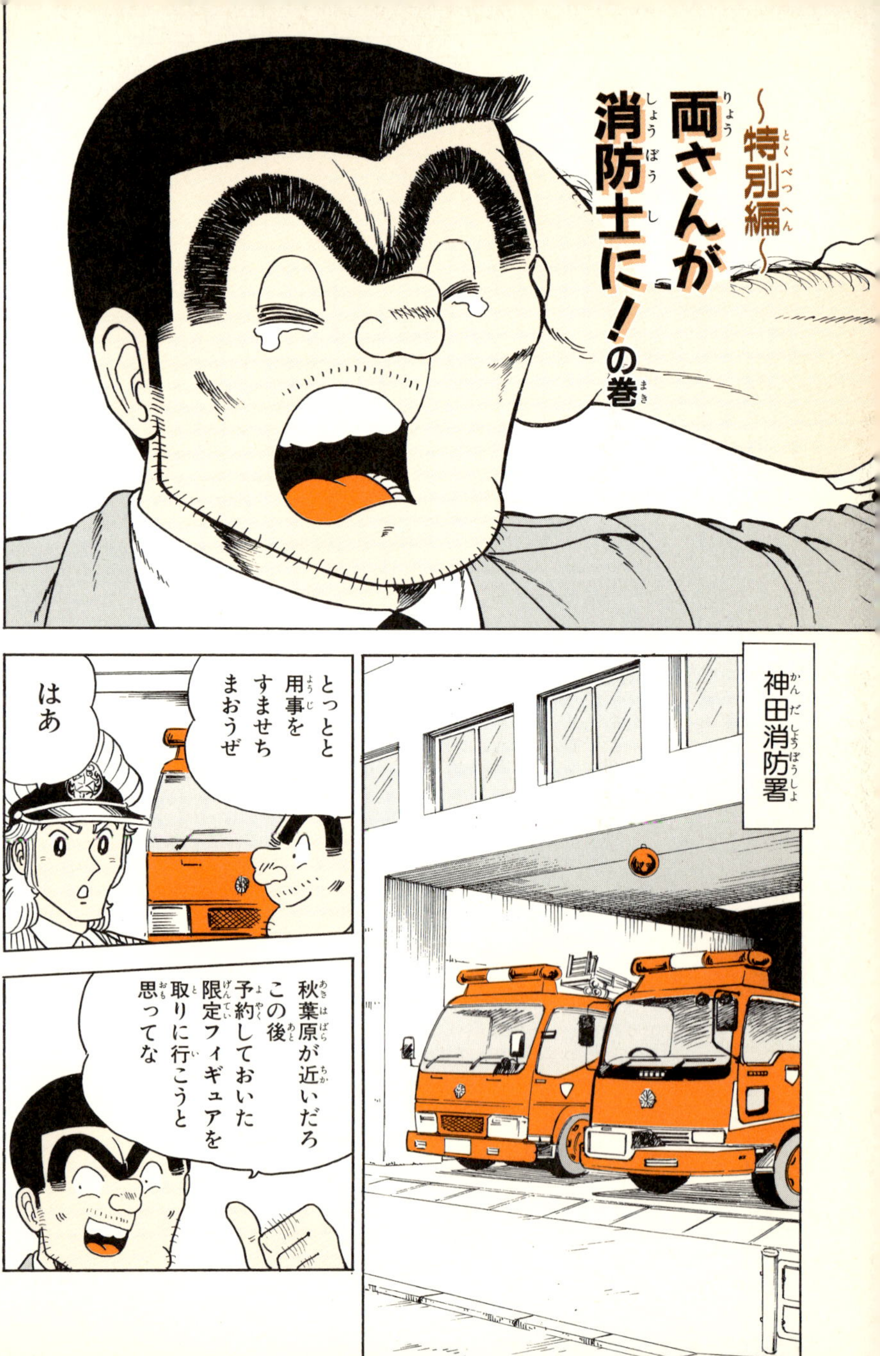
～特別編《とくべつへん》～
両《りょう》さんが消防士《しょうぼうし》に！の巻《まき》
神田消防署《かんだしょうぼうしょ》
とっとと用事《ようじ》をすませちまおうぜ
はあ
秋葉原《あきはばら》が近《ちか》いだろ この後《あと》予約《よやく》しておいた限定《げんてい》フィギュアを取《と》りに行《い》こうと思《おも》ってな

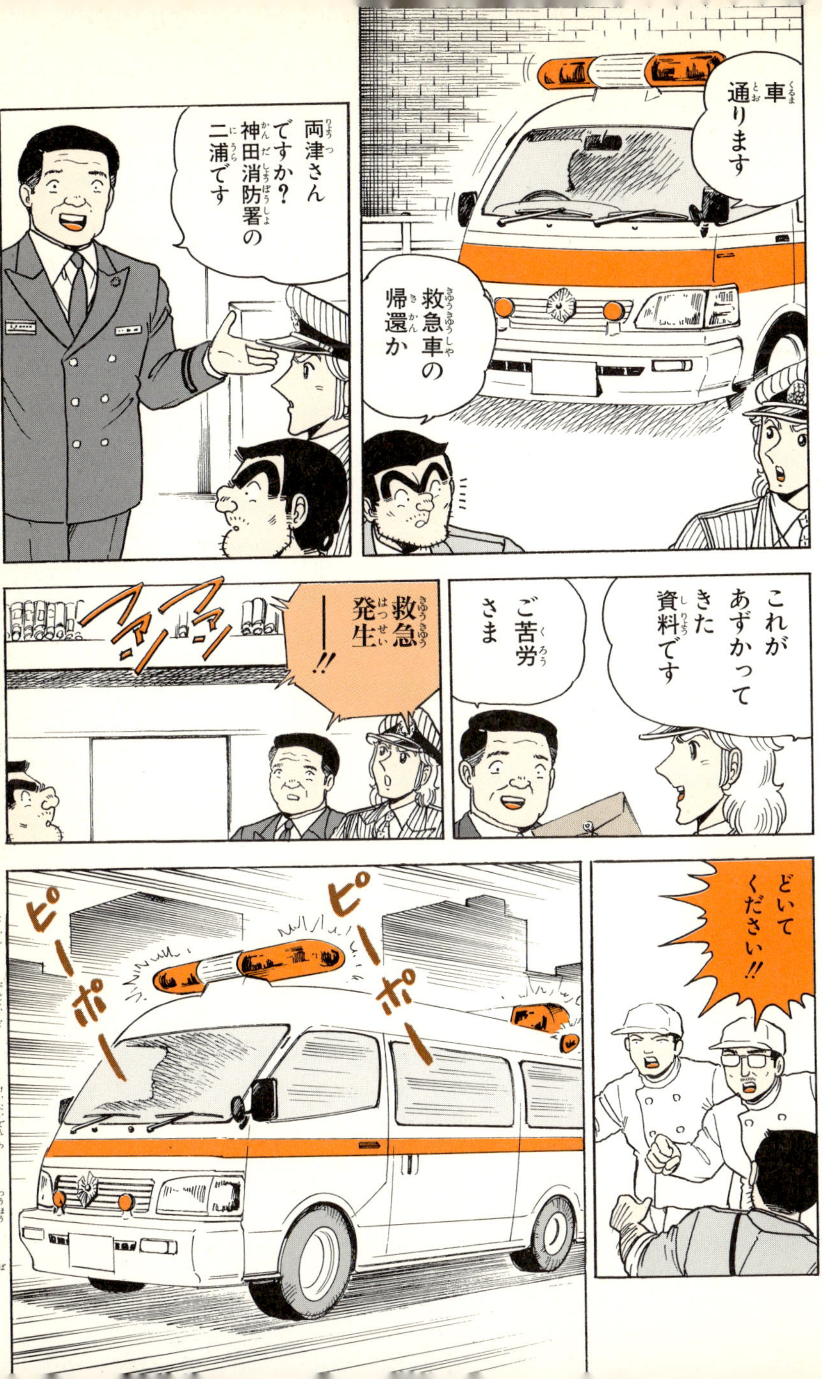
車《くるま》通《とお》ります
救急車《きゅうきゅうしゃ》の帰還《きかん》か
両津《りょうつ》さんですか? 神田《かんだ》消防署《しょうぼうしょ》の二浦《にうら》です
これがあずかってきた資料《しりょう》です
ご苦労《くろう》さま
救急《きゅうきゅう》発生《はっせい》――!!
ファンファン
どいてください!!
ピーポー
ピーポー

消防《しょうぼう》メモ

消防《しょうぼう》や救急《きゅうきゅう》の119番通報《ばんつうほう》があってから、消防《しょうぼう》、救急隊員《きゅうきゅうたいいん》が出動《しゅつどう》するまでにかかる時間《じかん》は1分程度《ぶんていど》です。携帯電話《けいたいでんわ》から通報《つうほう》する場合《ばあい》は、すぐに電話《でんわ》を切《き》らずに場所《ばしょ》やようすなどを、きちんと伝《つた》えるようにしましょう。

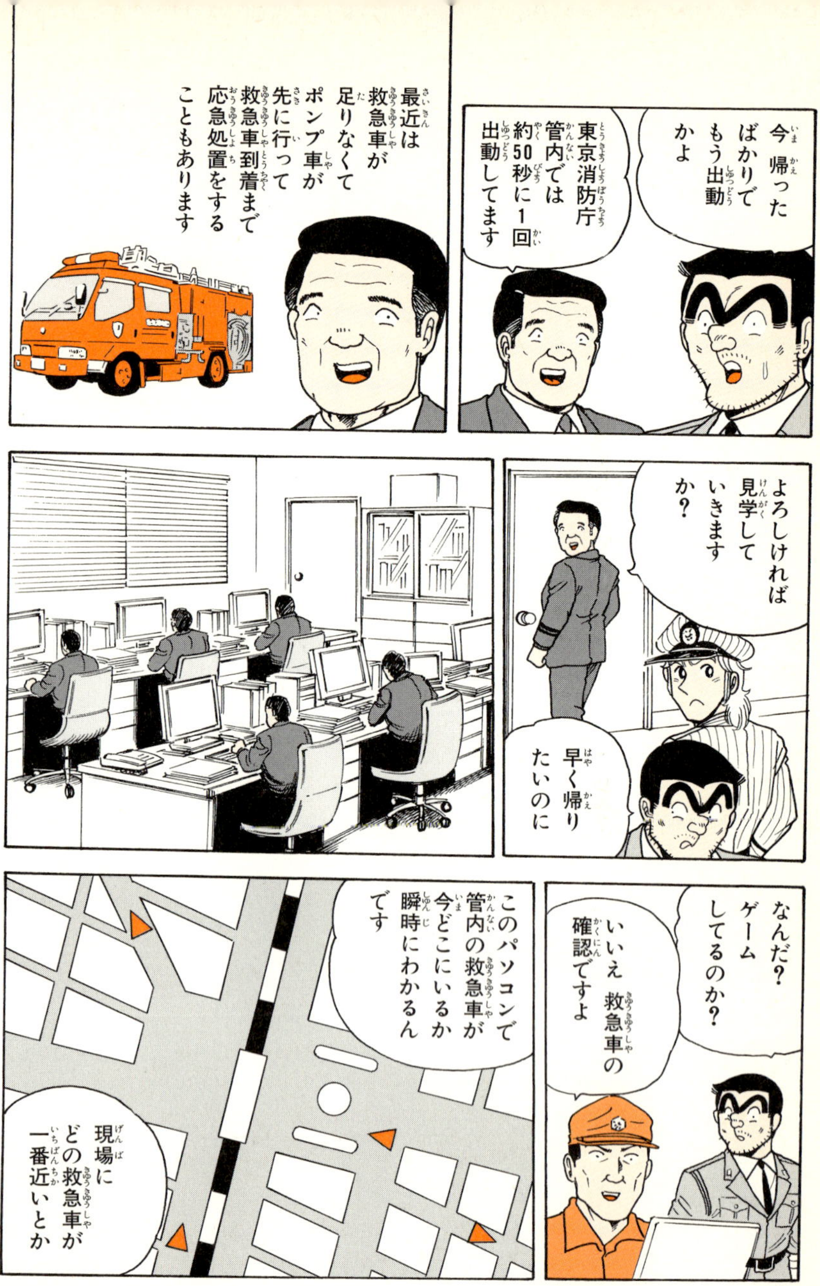
今《いま》帰《かえ》ったばかりでもう出動《しゅつどう》かよ
東京消防庁《とうきょうしょうぼうちょう》管内《かんない》では約《やく》50秒《びょう》に1回《かい》出動《しゅつどう》してます
最近《さいきん》は救急車《きゅうきゅうしゃ》が足《た》りなくてポンプ車《しゃ》が先《さき》に行《い》って救急車《きゅうきゅうしゃ》到着《とうちゃく》まで応急処置《おうきゅうしょち》をすることもあります
よろしければ見学《けんがく》していきますか?
早《はや》く帰《かえ》りたいのに
なんだ?ゲームしてるのか?
いいえ 救急車《きゅうきゅうしゃ》の確認《かくにん》ですよ
このパソコンで管内《かんない》の救急車《きゅうきゅうしゃ》が今《いま》どこにいるか瞬時《しゅんじ》にわかるんです
現場《げんば》にどの救急車《きゅうきゅうしゃ》が一番近《いちばんちか》いとか

急《きゅう》なケガや病気《びょうき》に素早《すばや》く対応《たいおう》しないと
ちょっとブラブラしてくるぞ
何《なに》をやっているんだ
装備《そうび》の点検《てんけん》と整備《せいび》ですよ
ちゃんと点検《てんけん》しておかないと命《いのち》に関《かか》わりますからね
1日《にち》2回《かい》点検《てんけん》するんです
消防隊員《しょうぼうたいいん》って火事《かじ》がない時《とき》は休《やす》んでるのかと思《おも》ってた
そんなことないですよ装備《そうび》や車《くるま》の点検《てんけん》と訓練《くんれん》もちゃんとしています
しかしすごい装備《そうび》だな
わしにも着《き》させろ!!
わっちょっと!!

消防《しょうぼう》メモ

救急車《きゅうきゅうしゃ》がどこにいるか、すぐわかるようになっています。これはGPS《ジーピーエス》というシステムで、宇宙《うちゅう》に打《う》ち上《あ》げた複数《ふくすう》のGPS《ジーピーエス》衛星《えいせい》を使《つか》って、位置《いち》を特定《とくてい》する方法《ほうほう》です。カーナビにもこのGPS《ジーピーエス》が使《つか》われています。

おっ重《おも》い
25キロありますから
クツも重《おも》いぞ
作業中《さぎょうちゅう》クギやガラスなどふむと危《あぶ》ないので鉄板《てっぱん》が敷《し》いてあります
このカッコウで数十《すうじつ》キロの用具《ようぐ》を持《も》って作業《さぎょう》します
火災発生《かさいはっせい》火災発生《かさいはっせい》——!!
出動《しゅつどう》だ——!!
おい! 早《はや》く来《こ》い!!
えっおいわしはちがう

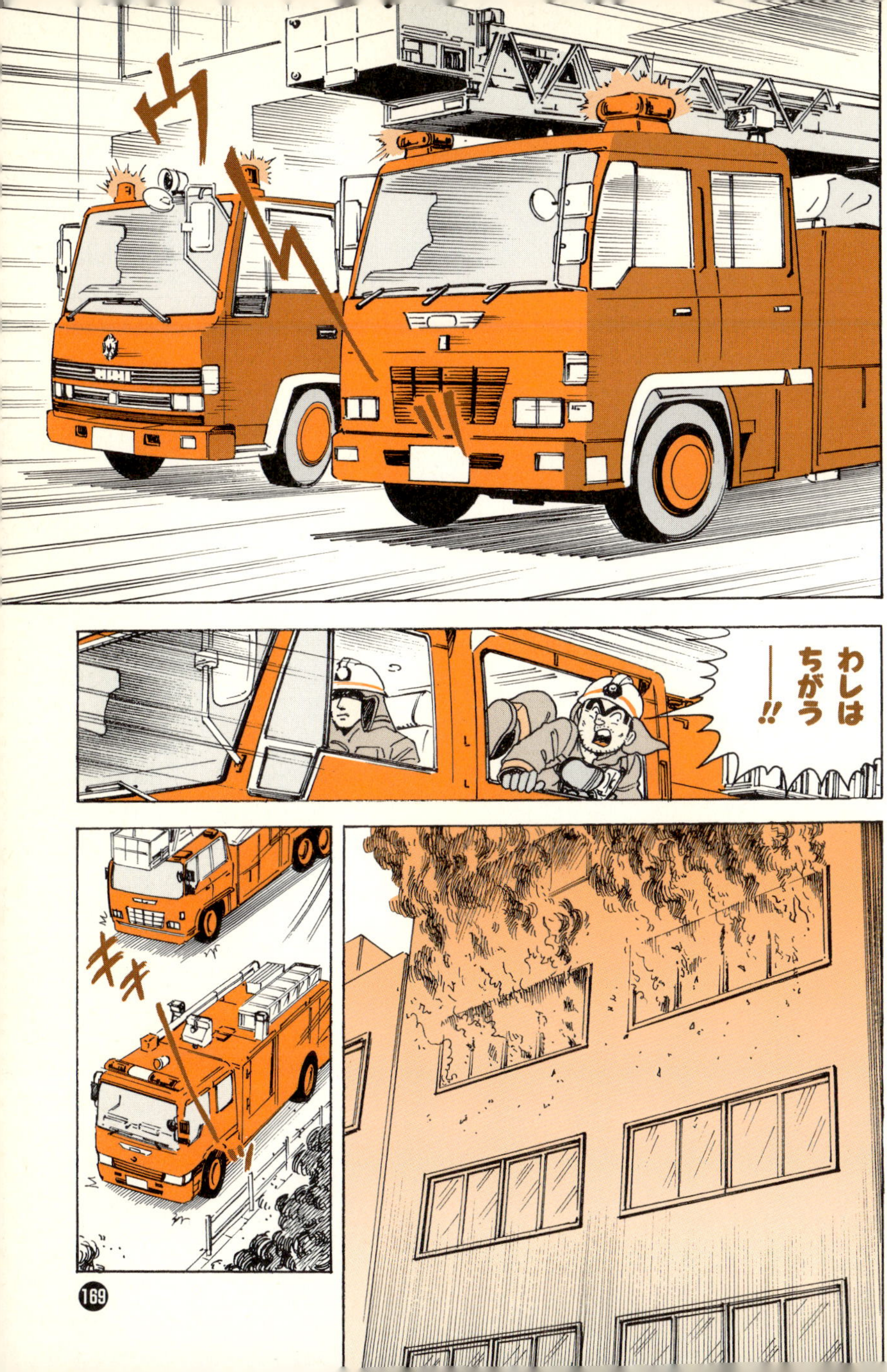
わしは ちがう――!!
キキ

現場《げんば》の指揮《しき》は指揮隊車《しきたいしゃ》から行《おこな》います
僕《ぼく》も交通整理《こうつうせいり》手伝《てつだ》います
逃《に》げおくれた人《ひと》はいないか至急確認《しきゅうかくにん》しろ!!
急《いそ》げ!!
あ　わしのお気《き》に入《い》りのホビーショップのあるビルだ!!
そっち持《も》って
わしはちがう
こうしちゃおれん!!

消防《しょうぼう》メモ

火災《かさい》の現場《げんば》に到着《とうちゃく》したら、まず一番《いちばん》にすることは、火災現場《かさいげんば》に人《ひと》がいるかどうかの確認《かくにん》です。火災《かさい》の時《とき》には、指揮隊車《しきたいしゃ》、ポンプ車《しゃ》、はしご車《しゃ》、救急車《きゅうきゅうしゃ》がセットで出動《しゅつどう》します。

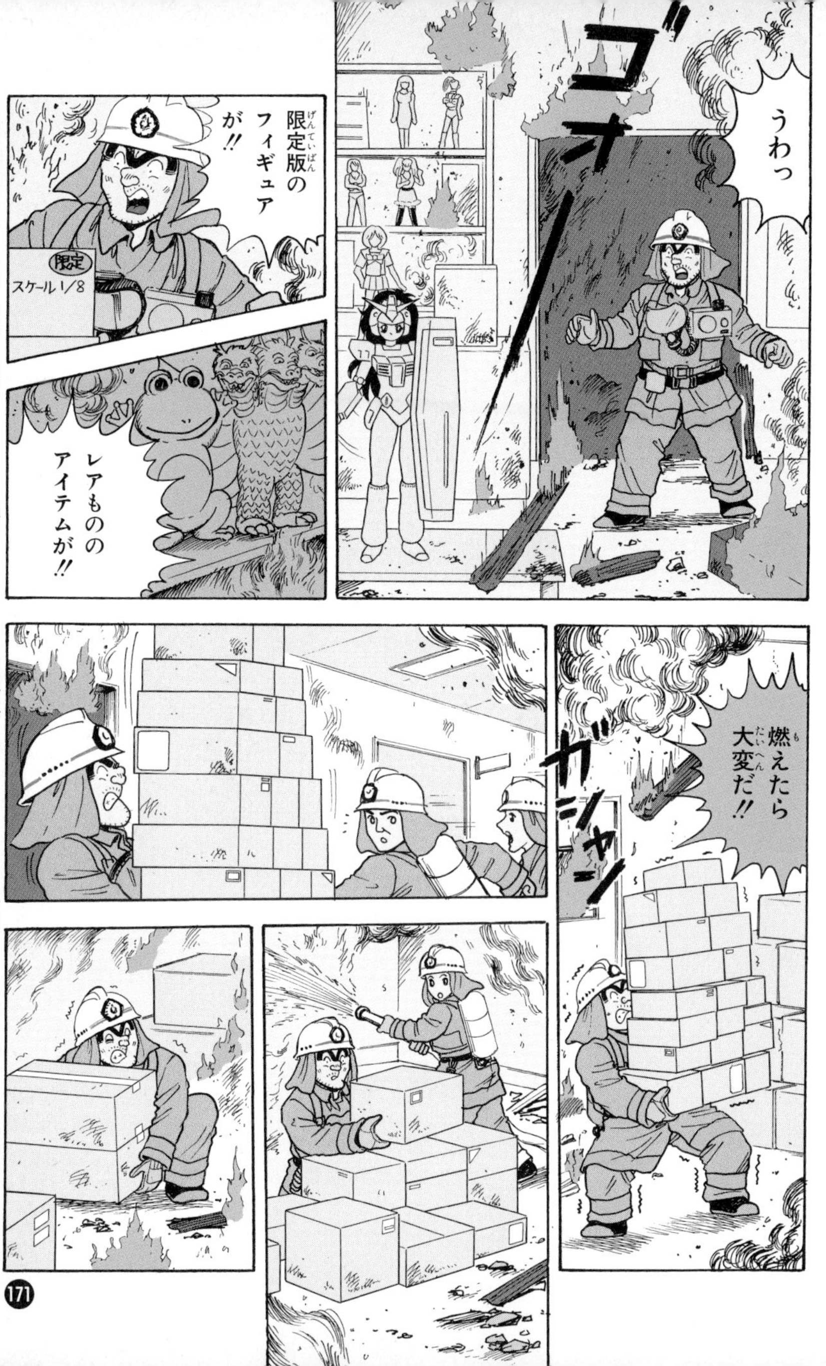

うわっ
ゴォッ
限定版《げんていばん》のフィギュアが!!
限定
スケール1/8
レアもののアイテムが!!
燃《も》えたら大変《たいへん》だ!!
ガシャン

中《なか》から消火《しょうか》するぞ!!
他《ほか》に逃《に》げおくれた人《ひと》はいないかっ
うわっ
なんだこれじゃ中《なか》に入《はい》れん!!
わしの荷物《にもつ》だ
京消防庁

消防《しょうぼう》メモ

火災原因《かさいげんいん》のトップは、放火《ほうか》(放火《ほうか》の疑《うたが》いもふくむ)です。2位《い》がたばこで3位《い》がガスコンロ、4位《い》が火遊《ひあそ》びです。マッチやライターで遊《あそ》ばないようにしましょう。また、燃《も》えやすいものを外《そと》に置《お》かないなど、放火《ほうか》の予防《よぼう》も必要《ひつよう》です。

物《もの》よりも人命《じんめい》が大事《だいじ》だ!!
これは貴重品《きちょうひん》なんだ!!
隊長《たいちょう》!! 子《こ》どもが奥《おく》に取《と》り残《のこ》されていると!!
東京
よし救助《きゅうじょ》に行《い》くぞ
おい! あっちはもう火《ひ》の海《うみ》だ!! 危《あぶ》ないぞ!!
命《いのち》を救《すく》うのが仕事《しごと》だ!!
しかたねぇわしも行《い》く!!
ゴオオオ
おーーい!!

いたぞ!!
グアア
ゴゴゴゴ
早《はや》くしろ くずれるぞ!!
救出《きゅうしゅつ》はまだなのか!?
公園前派出所
先輩《せんぱい》! 大活躍《だいかつやく》でしたね

いやぁ消防隊員《しょうぼうたいいん》って大変《たいへん》な仕事《しごと》だ命《いのち》がけだしな
警察《けいさつ》も消防《しょうぼう》も市民《しみん》にとってはどちらも大切《たいせつ》な仕事《しごと》ですよ
警察《けいさつ》の方《ほう》が楽《らく》だと思《おも》うぞ
わしには警察官《けいさつかん》があっている
両津《りょうつ》
また仕事《しごと》をサボってパチンコしていたな
やばっ
許《ゆる》さーん
やっぱり警察官《けいさつかん》も大変《たいへん》だー!!

南先生《みなみせんせい》の社会科《しゃかいか》 5

地方自治《ちほうじち》について

最近《さいきん》、「地方分権《ちほうぶんけん》」とか「地方《ちほう》の時代《じだい》」ということばを聞《き》いたことはありませんか？　日《に》本《ほん》の政治《せいじ》は政府《せいふ》が中心《ちゅうしん》になって進《すす》めていますが、実際《じっさい》には全国《ぜんこく》のすべての地域《ちいき》に対応《たいおう》することはできません。そこで地方《ちほう》の政治《せいじ》は地方《ちほう》自治体《じちたい》が行《おこな》っています。地方分権《ちほうぶんけん》とは、その地方自治体《ちほうじちたい》の進《すす》める政治《せいじ》をもっとやりやすくしよう、国《くに》があまり制度《せいど》でしばらないで地方《ちほう》自治体《じちたい》に今《いま》まで以上《いじょう》にまかせよう、ということです。

　地方自治《ちほうじち》とは、地方自治体《ちほうじちたい》（都道府県《とどうふけん》、市《し》町村《ちょうそん》）がその地域《ちいき》に合《あ》った政治《せいじ》を行《おこな》うこと。知事《ちじ》、市町村長《しちょうそんちょう》、県議会議員《けんぎかいぎいん》、市町村議会議《しちょうそんぎかいぎ》員《いん》を自分《じぶん》たちの地域《ちいき》で選《えら》び（選挙《せんきょ》）、そこを中《ちゅう》心《しん》に政治《せいじ》を進《すす》めます。国《くに》で作《つく》る法律《ほうりつ》と同《おな》じように条例《じょうれい》という地域《ちいき》のきまりも作《つく》ります。

　たとえば神奈川県《かながわけん》であれば県庁《けんちょう》、横浜市《よこはまし》であれば市役所《しやくしょ》、清川村《きよかわむら》であれば役場《やくば》が置《お》かれ、国《くに》の各省庁《かくしょうちょう》と同《おな》じようにさまざまな課《か》や係《かかり》を設《もう》け、住民《じゅうみん》の健康《けんこう》で安全《あんぜん》で豊《ゆた》かな生活《せいかつ》が行《おこな》われるように工夫《くふう》しています。

　学校《がっこう》や教育《きょういく》に関係《かんけい》あるものとして教育委員《きょういくいいん》会《かい》も設置《せっち》されています。予算《よさん》も自分《じぶん》たちの自《じ》治体《ちたい》に適《てき》した内訳《うちわけ》で計画《けいかく》されます。住民《じゅうみん》の願《ねが》いが届《とど》きやすく、暮《く》らしにおける問題《もんだい》を解決《かいけつ》しやすい身近《みぢか》な政治《せいじ》が地方自治《ちほうじち》なのです。

　今後《こんご》「地方分権《ちほうぶんけん》」が進《すす》めば、自分《じぶん》たちの地《ち》域《いき》がもっと住《す》みやすくなるかもしれません。

「町村合併《ちょうそんがっぺい》」ということばを聞《き》いたことはありませんか。近《ちか》くの市《し》・町《ちょう》・村《そん》のいくつかを合併《がっぺい》して、もっと大《おお》きな地方自治体《ちほうじちたい》にしようというものです。合併《がっぺい》すると、どんな利点《りてん》があるのでしょうか。またどんな課題《かだい》があるのでしょうか。調《しら》べてみるとおもしろいですよ。

国際社会
こくさいしゃかい

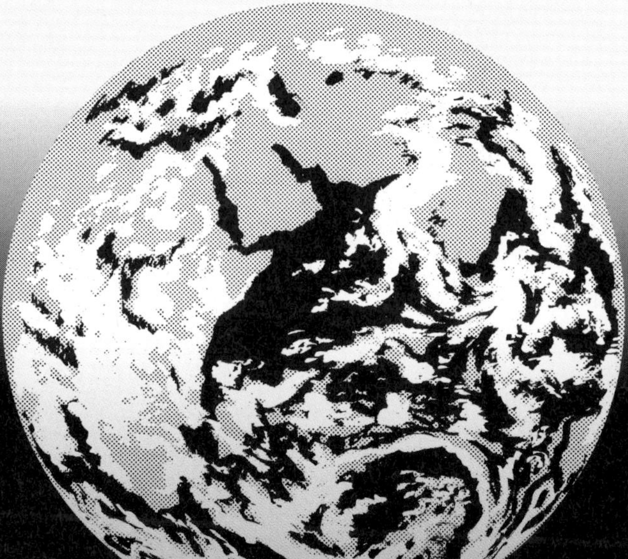

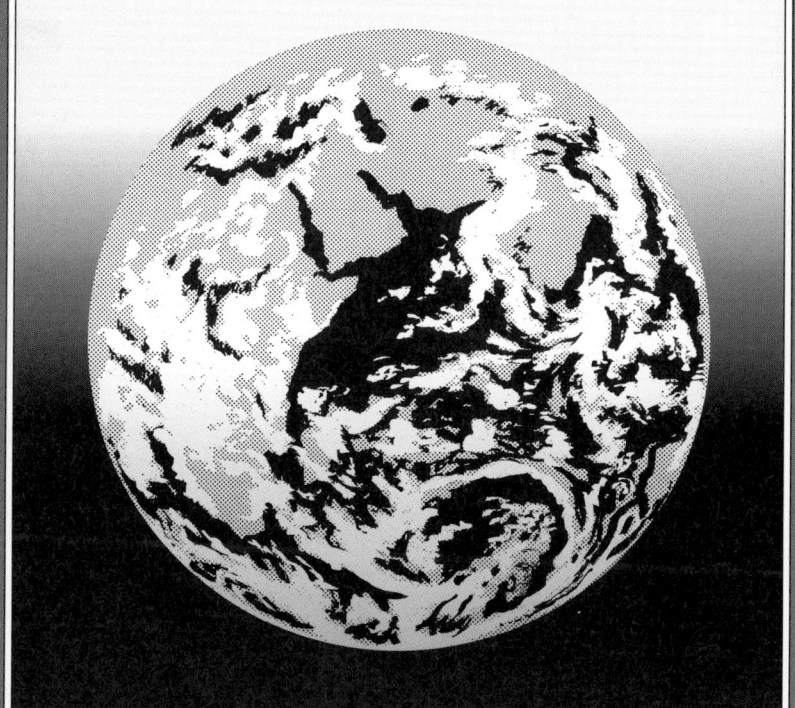

国際社会《こくさいしゃかい》
世界《せかい》の国《くに》からコンニチハの巻《まき》
は、はうどゅどぉォ
Please《プリーズ》 tell《テル》 us《アス》 how《ハウ》 to《トウ》 go《ゴー》 to《トウ》 the《ザ》 station《ステーション》.
(駅《えき》への行《い》き方《かた》を教《おし》えてください)
…………
なんて言《い》ってるの？
んなもんわかるか!!
中川《なかがわ》は本庁《ほんちょう》だし麗子《れいこ》は休《やす》み
ボルボやジョディは連絡《れんらく》がつかないし

両《りょう》さんメモ

国際連合《こくさいれんごう》発足《ほっそく》当時《とうじ》の加盟国《かめいこく》は51か国《こく》でした。日本《にほん》は第二次世界大戦後《だいにじせかいたいせんご》、ソ連《れん》（当時《とうじ》）との国交《こっこう》を回復《かいふく》した1956年《ねん》に国際連合《こくさいれんごう》に加《か》盟《めい》しました。これにより、日本《にほん》は国際社会《こくさいしゃかい》の一員《いちいん》に復帰《ふっき》できました。

ゴー ストレート レフト ターン ライト ターン
サンキュ——!
よくわかったねぇ
ウザイからおっぱらっただけだ
両津《りょうつ》 なんだ今《いま》の態度《たいど》は!!
しょうがないでしょ 英語《えいご》がわからないんですから
だったら他《ほか》に方法《ほうほう》があったろう
今《いま》は国際化《こくさいか》の時代《じだい》だぞ 日本《にほん》は世界《せかい》の一員《いちいん》なんだ
国連《こくれん》などをもとに世界《せかい》がひとつになるべき時《とき》 外国《がいこく》に対《たい》して日本《にほん》の印象《いんしょう》が悪《わる》くなるだろう
国際連合《こくさいれんごう》(国連《こくれん》)
1945年《ねん》に発足《ほっそく》
191か国《こく》が加盟《かめい》(2004年現在《ねんげんざい》)

国際連合《こくさいれんごう》は
第二次世界大戦《だいにじせかいたいせん》の後《あと》
世界《せかい》の平和《へいわ》と
安全《あんぜん》の維持《いじ》を目的《もくてき》として
国《くに》と国《くに》との協力《きょうりょく》を
うながすために
作《つく》られた
国連総会《こくれんそうかい》のようす
国連以外《こくれんいがい》でも
大《おお》きな災害《さいがい》が起《お》こった時《とき》は
さまざまな国《くに》が
たがいに助《たす》けあうんだ
日本《にほん》も助《たす》けてもらったし
外国《がいこく》の支援《しえん》もしている
民間《みんかん》の個人的《こじんてき》な
交流《こうりゅう》も大事《だいじ》だぞ
両津《りょうつ》も外国《がいこく》で
冷《つめ》たくされたら
その国《くに》が
きらいになるだろ
何《なに》を言《い》って
るんですか!
部長《ぶちょう》だって
英語《えいご》が話《はな》せ
ないくせに!!

これを見《み》ろ!!
翻訳《ほんやく》マシンだ!!
これがあれば日本語《にほんご》を英語《えいご》に英語《えいご》を日本語《にほんご》に訳《やく》せるんだ!!
機械《きかい》オンチの部長《ぶちょう》のくせに~
ふぁいんさんきゅー
Hello《ハロー》! Excuse《エクスキューズ》 me《ミー》. (ちょっといいですか?)
わしにまかせとけ
PeRa PeRa PeRa

両《りょう》さんメモ

ニュースでテロという言葉《ことば》をよく聞《き》きますね。テロとはテロリズムの略《りゃく》で、自分《じぶん》の政治上《せいじじょう》の意見《いけん》を暴力《ぼうりょく》を使《つか》って実現《じつげん》させようとすることです。現在《げんざい》、世界各国《せかいかっこく》の政府《せいふ》は、テロを警戒《けいかい》してします。

アケマシテ
オメデトウ
ラーメン、オカワリ
部長《ぶちょう》使《つか》い方《かた》わかってるんですか?
……
もう一度《いちど》言《い》ってください
ムッ
WAP!!
Very《ベリー》 impolite《インポライト》!
(なんて失礼《しつれい》なの!)
いい機械《きかい》を持《も》っていても使《つか》いこなせないと
PUN! PUN!
いたた〜
わしに貸《か》してください

両《りょう》さんメモ

世界《せかい》には貧《まず》しい国《くに》がたくさんあり、食《た》べ物《もの》がなかったり、病気《びょうき》でも医者《いしゃ》にかかれなかったりして困《こま》っている人《ひと》がたくさんいます。
また人口《じんこう》の増加《ぞうか》によって食料《しょくりょう》が足《た》りなくなるのではないかという問題《もんだい》もあります。

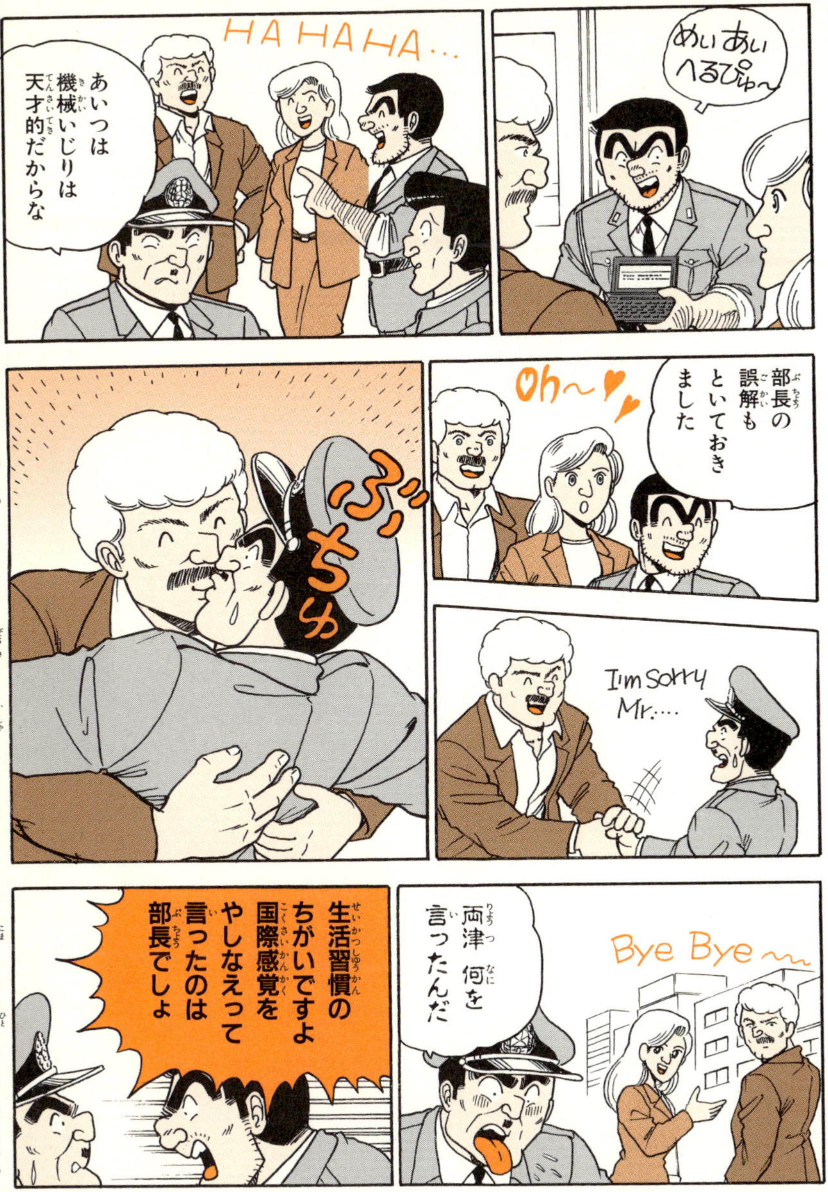
めいあいへるぴゅ～
HA HA HA HA…
あいつは機械《きかい》いじりは天才的《てんさいてき》だからな
部長《ぶちょう》の誤解《ごかい》もといておきました
Oh～
I'm sorry Mr.…
ぶちゅ
両津《りょうつ》何《なに》を言《い》ったんだ
Bye Bye～
生活習慣《せいかつしゅうかん》のちがいですよ国際感覚《こくさいかんかく》をやしなえって言《い》ったのは部長《ぶちょう》でしょ

両津《りょうつ》 どうやって操作《そうさ》するんだ?
ここで言語《げんご》を選《えら》んで……
すごいな 10か国語《こくご》も入《はい》ってるじゃないか!
10か国《こく》!! ぜひ貸《か》してください!!
外国人《がいこくじん》向《む》けの下町《したまち》観光《かんこう》ツアーをしているんですが通訳《つうやく》が急病《きゅうびょう》で来《こ》られなくなって困《こま》っているんです
英語《えいご》が通《つう》じない方《かた》もいらして…

こちらはモンゴルの方《かた》でその後《うし》ろがノルウェー
ブラジル インド タイ……
イランに タンザニア ……
すごい……まるで国連《こくれん》なみだ……
それで その翻訳機《ほんやくき》を…………
どうだ リース料《りょう》5万円《まんえん》で
プラ ぷん プラ ぷん プラ
コラ両津《りょうつ》!!
えーと使《つか》い方《かた》は……

両《りょう》さんメモ

国際社会《こくさいしゃかい》には、戦争《せんそう》や貧困以外《ひんこんいがい》にもたくさんの問題《もんだい》があります。最近大《さいきんおお》きな問題《もんだい》になっているのは、地球《ちきゅう》の温度《おんど》が上《あ》がってしまう温暖化《おんだんか》など環境問題《かんきょうもんだい》です。国々《くにぐに》の間《あいだ》で対策《たいさく》を話《はな》し合《あ》っていますが、なかなか解決《かいけつ》しないのが現状《げんじょう》です。

どうしたんです!? 怒《おこ》ってしまった
わしに貸《か》してみろ
どうも両津《りょうつ》以外《いがい》はあつかえんらしい…
HA HA HA HA!!
部長《ぶちょう》!! 国際親善《こくさいしんぜん》のいい機会《きかい》です
HEY!
部長《ぶちょう》 サンバの国《くに》ブラジルでは踊《おど》りがあいさつです
さあ踊《おど》って!!
わしが踊《おど》るのか
国際交流《こくさいこうりゅう》です

パンパン
インドの人《ひと》です
いたたた……
ボキボキ
ぐぐぐ…
インドはヨガの国《くに》ですからねこれもあいさつです
ボキーッ
ぐえーっ
こちらモンゴルの人《ひと》です
ダッ

ズン
ガッ
なんで……
モンゴルずもうが盛《さか》んですからぶちかましはあいさつです
※タイ式《しき》キックボクシング。
シュッ
シュッ
まさか
※タイはムエタイが国技《こくぎ》です
うわっよせ
ゼエッ

部長《ぶちょう》 何《なに》やって いるんですか?
外国《がいこく》の あいさつ だが……
えっ でも スパーリングの 相手《あいて》だって 紹介《しょうかい》されて ましたよ
わっバカ 言《い》うな!!
さっきも 体当《たいあ》たりを してほしいとか ダンスの レッスンとか
なるほど ………
いや その… コミュニ ケーション ですよ ね?
バキ
ボキ
なるほど では 両津《りょうつ》にも 世界《せかい》の国《くに》と コミュニケーションを 取《と》ってもらおう 世界《せかい》の国《くに》の人々《ひとびと》が 集《あつ》まる所《ところ》でな
世界《せかい》の人《ひと》が 集《あつ》まるって… 南極《なんきょく》の観測所《かんそくじょ》 じゃねえか…
ヒョオオオー‥

両《りょう》さんメモ

南極大陸《なんきょくたいりく》には、数万年《すうまんねん》から数十万年《すうじゅうまんねん》も前《まえ》に降《ふ》った雪《ゆき》でできた氷《こおり》などもあり、自然環境《しぜんかんきょう》や、大量《たいりょう》に見《み》つかる隕石《いんせき》など、研究《けんきゅう》する対象《たいしょう》が多《おお》く、多《おお》くの国《くに》が観測所《かんそくじょ》を設《もう》けています。

国際社会《こくさいしゃかい》

世界《せかい》の国々《くにぐに》の協力《きょうりょく》で多《おお》くの問題《もんだい》を乗《の》り切《き》ろう

ここクサイ連中《れんちゅう》
(国際連合《こくさいれんごう》)

国際連合《こくさいれんごう》(UN《ユーエヌ》)※は第二次世界大戦後《だいにじせかいたいせんご》の1945年《ねん》世界《せかい》の平和《へいわ》のため作《つく》られた国際的《こくさいてき》な組織《そしき》だ

国際連合《こくさいれんごう》は略《りゃく》して国連《こくれん》と呼《よ》ばれます。

安全保障理事会《あんぜんほしょうりじかい》
15か国《こく》の理事国《りじこく》で構成《こうせい》。国際平和《こくさいへいわ》と安全《あんぜん》の維持《いじ》。

信託統治理事会《しんたくとうちりじかい》
独立《どくりつ》の遅《おく》れた国《くに》を支援《しえん》。

経済社会理事会《けいざいしゃかいりじかい》
加盟国《かめいこく》のうち54か国《こく》で構成《こうせい》。経済《けいざい》や社会問題《しゃかいもんだい》を担当《たんとう》。

本部《ほんぶ》はアメリカのニューヨークにあるのよ

そしてこれが国連《こくれん》のしくみと理想《りそう》だよ

連合《れんごう》と連盟《れんめい》?

※United Nations

こち亀《かめ》パトロール

国連《こくれん》あれこれ

①国連《こくれん》には、何《なん》か国《こく》が加盟《かめい》しているか知《し》っているか？

◆答《こた》えは191か国《こく》！

たくさんの国《くに》が加盟《かめい》しているな。

国連加盟《こくれんかめい》191か国《こく》!

②国連《こくれん》の運営資金《うんえいしきん》は、どこから出《だ》されているんだろう？

実《じつ》は、加盟国《かめいこく》が分担《ぶんたん》して資金《しきん》を払《はら》っているんだ。日本《にほん》の分担《ぶんたん》は、全体《ぜんたい》の約《やく》20％《パーセント》にもなり、アメリカに次《つ》いで2位《い》の割合《わりあい》だ。しかしアメリカなど、何年《なんねん》も分担金《ぶんたんきん》の支払《しはら》いが遅《おく》れている国《くに》があり、国連《こくれん》は資金不足《しきんぶそく》という問題《もんだい》を抱《かか》えている。

国連《こくれん》の主要《しゅよう》6機関《きかん》

総会《そうかい》
全加盟国《ぜんかめいこく》の代表者《だいひょうしゃ》による会議《かいぎ》。国連《こくれん》の最高機関《さいこうきかん》。

事務局《じむきょく》
事務総長《じむそうちょう》の下《もと》、各《かく》機関《きかん》の運営《うんえい》の事務《じむ》を担当《たんとう》。

国際司法裁判所《こくさいしほうさいばんしょ》
個人《こじん》ではなく、国《くに》と国《くに》との争《あらそ》いを公平《こうへい》に裁《さば》く。

国連《こくれん》

これらの機関《きかん》の下《した》に、専門《せんもん》の機関《きかん》がたくさんあります。

国際連合《こくさいれんごう》の目的《もくてき》

●国際社会《こくさいしゃかい》の平和《へいわ》と安全《あんぜん》を守《まも》ること。

●国々《くにぐに》の間《あいだ》の友好関係《ゆうこうかんけい》を発展《はってん》させること。

●国際問題《こくさいもんだい》の解決《かいけつ》と、すべての人々《ひとびと》の人権《じんけん》と自由《じゆう》を守《まも》るための国際協力《こくさいきょうりょく》を達成《たっせい》すること。

国際
連盟

日本《にほん》は1933年《ねん》国際連盟《こくさいれんめい》から脱退《だったい》した。

国際連合《こくさいれんごう》ができる前《まえ》、国際平和《こくさいへいわ》を守《まも》る組織《そしき》として、※国際連盟《こくさいれんめい》がありました。

しかし、大国《たいこく》のアメリカが参加《さんか》していないなど問題《もんだい》も多《おお》く、第二次世界大戦《だいにじせかいたいせん》を防《ふせ》げませんでした。

そして第二次世界大戦後《だいにじせかいたいせんご》、国際連合《こくさいれんごう》ができました。

国際連盟《こくさいれんめい》はうまく機能《きのう》しなかったのか

※1920年《ねん》に成立《せいりつ》した。

国連《こくれん》の
おもな機関《きかん》を
見《み》てみよう！
まずは
総会《そうかい》だ

国連総会《こくれんそうかい》

※総会《そうかい》は平和維持《へいわいじ》、武力紛争《ぶりょくふんそう》、人権《じんけん》や差別問題《さべつもんだい》など、あらゆる問題《もんだい》を話《はな》し合《あ》います。

すべての加盟国《かめいこく》が平等《びょうどう》に投票権《とうひょうけん》を持《も》ち、多数決《たすうけつ》で物《もの》ごとを決定《けってい》します。

※さまざまな国《くに》の人《ひと》が集《あつ》まる総会《そうかい》では、イヤホンで発言《はつげん》の翻訳《ほんやく》を聞《き》くことができる。

さまざまな機関《きかん》

国連《こくれん》の主要《しゅよう》６機関《きかん》の下《した》には、さまざまな補助機関《ほじょきかん》や専門機関《せんもんきかん》があります。

国連児童基金《こくれんじどうききん》 ユニセフ(UNICEF)	世界《せかい》の子《こ》どもの権利《けんり》を守《まも》り、生活《せいかつ》を向上《こうじょう》させる。
国連教育科学文化機関《こくれんきょういくかがくぶんかきかん》 ユネスコ(UNESCO)	科学《かがく》、教育《きょういく》、文化《ぶんか》の交流《こうりゅう》を通《とお》して世界平和《せかいへいわ》につくす。
※国連大学《こくれんだいがく》 (UNU《ユーエヌユー》)	国際平和《こくさいへいわ》の維持《いじ》などを研究《けんきゅう》する機関《きかん》。本部《ほんぶ》は東京《とうきょう》にある。
世界保健機関《せかいほけんきかん》 (WHO《ダブリューエイチオー》)	伝染病《でんせんびょう》をなくすなど、世界《せかい》の人々《ひとびと》の健康《けんこう》を守《まも》る。
国際労働機関《こくさいろうどうきかん》 (ILO《アイエルオー》)	世界的《せかいてき》な労働条件《ろうどうじょうけん》(賃金《ちんぎん》や労働時間《ろうどうじかん》)の向上《こうじょう》に努《つと》める。

国連《こくれん》の中《なか》で
もっとも強《つよ》い
権限《けんげん》と責任《せきにん》を
持《も》っている

安全保障理事会《あんぜんほしょうりじかい》

アメリカ、イギリス、フランス、中国《ちゅうごく》、ロシアの５常任理事国《じょうにんりじこく》と、２年任期《ねんにんき》で選《えら》ばれる10非常任理事国《ひじょうにんりじこく》からなります。平和《へいわ》と安全《あんぜん》の問題《もんだい》だけをあつかいます。常任理事国《じょうにんりじこく》が１国《こく》でも反対《はんたい》した議題《ぎだい》は、決定《けってい》されません(拒否権《きょひけん》)。

※研究者《けんきゅうしゃ》の集《あつ》まりで、学生《がくせい》がいるわけではない。

こち亀《かめ》パトロール

※PKO《ピーケーオー》って?

PKO《ピーケーオー》って言葉《ことば》、聞《き》いたことがあるんじゃないか? これは国連《こくれん》の平《へい》和《わ》維持活動《いじかつどう》のことだ。紛争地域《ふんそうちいき》の武《ぶ》装《そう》の解除《かいじょ》や、復興《ふっこう》の支援《しえん》をするんだ。平和維持軍《へいわいじぐん》が派遣《はけん》されるが、自衛《じえい》以《い》外《がい》の目的《もくてき》で武力《ぶりょく》は使《つか》わない。
自衛隊《じえいたい》もPKO《ピーケーオー》に協力《きょうりょく》したよな。

◀地雷《じらい》を取《と》りのぞく作業《さぎょう》。

いろんな機関《きかん》があるのね

民間《みんかん》の国際協力《こくさいきょうりょく》

政府《せいふ》や国連《こくれん》による国際協力《こくさいきょうりょく》の他《ほか》に、民間団体《みんかんだんたい》による国際協《こくさいきょう》力《りょく》や支援《しえん》が行《おこな》われています。

ニュースでNGO《エヌジーオー》という言葉《ことば》をよく聞《き》きませんか? NG《エヌジー》O《オー》とはNon-Governmental《ノンガバーンメンタル》(政府《せいふ》でない)Organization《オーガニゼーション》(組織《そしき》)の略称《りゃくしょう》で、人権《じんけん》や平和《へいわ》、環境《かんきょう》などの問題《もんだい》に国境《こっきょう》を超《こ》えて取《と》り組《く》む民《みん》間団体《かんだんたい》のことです。国連《こくれん》と連携《れんけい》を取《と》って動《うご》いている組織《そしき》も多《おお》くあります。

＜NGO《エヌジーオー》の一例《いちれい》＞

●国境《こっきょう》なき医師団《いしだん》(MSF《エムエスエフ》)

災害《さいがい》や武力紛争《ぶりょくふんそう》が起《お》こった時《とき》、必要《ひつよう》な医療《いりょう》の援助《えんじょ》を行《おこな》うNGO《エヌジーオー》。人種《じんしゅ》や宗教《しゅうきょう》などに関《かか》わらず、公平《こうへい》な援助《えんじょ》をする。日本《にほん》にも支部《しぶ》がある。

●世界自然保護基金《せかいしぜんほごききん》(WWF《ダブリューダブリューエフ》)

世界最大《せかいさいだい》の自然保護《しぜんほご》NGO《エヌジーオー》。絶滅《ぜつめつ》の危機《きき》にある野生生物《やせいせいぶつ》や自然環境《しぜんかんきょう》の保護《ほご》を目的《もくてき》とする。

国連以外《こくれんいがい》でも国際的《こくさいてき》な協力活動《きょうりょくかつどう》は行《おこな》われているんだ

※Peace《ピース》 Keeping《キーピング》 Operations《オペレーションズ》

世界《せかい》と日本《にほん》の これからのために！

ここまで勉強《べんきょう》してきて日本《にほん》の社会《しゃかい》のしくみがわかったかな
日本《にほん》の主権《しゅけん》は国民《こくみん》にあり国民《こくみん》の代表《だいひょう》が政治《せいじ》を行《おこな》っているんだったな

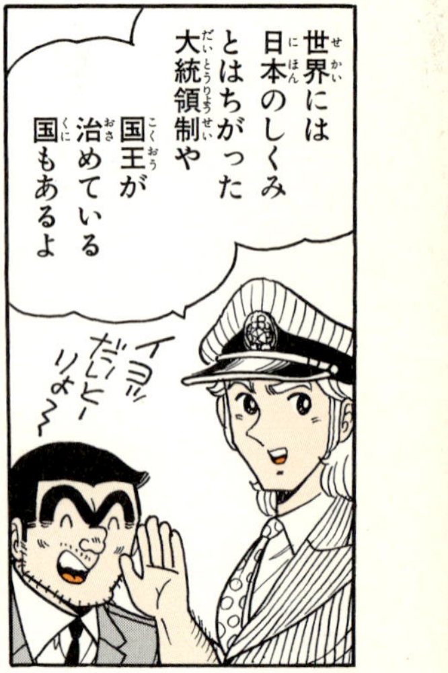
世界《せかい》には日本《にほん》のしくみとはちがった大統領制《だいとうりょうせい》や国王《こくおう》が治《おさ》めている国《くに》もあるよ
イヨッ だいとーりょ〜

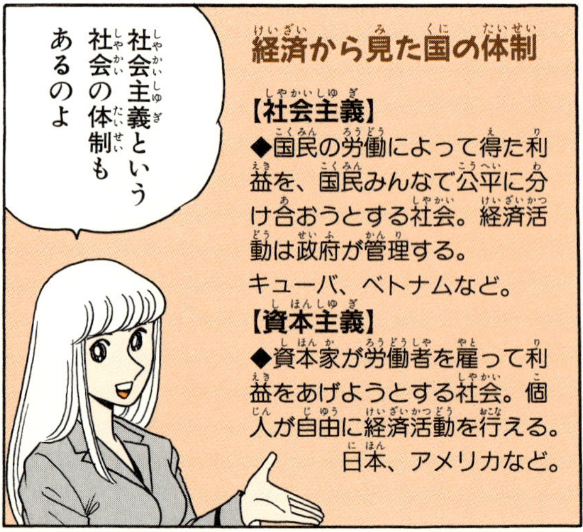
社会主義《しゃかいしゅぎ》という社会《しゃかい》の体制《たいせい》もあるのよ

経済《けいざい》から見《み》た国《くに》の体制《たいせい》

【社会主義《しゃかいしゅぎ》】

◆国民《こくみん》の労働《ろうどう》によって得《え》た利《り》益《えき》を、国民《こくみん》みんなで公平《こうへい》に分《わ》け合《あ》おうとする社会《しゃかい》。経済活《けいざいかつ》動《どう》は政府《せいふ》が管理《かんり》する。

キューバ、ベトナムなど。

【資本主義《しほんしゅぎ》】

◆資本家《しほんか》が労働者《ろうどうしゃ》を雇《やと》って利《り》益《えき》をあげようとする社会《しゃかい》。個《こ》人《じん》が自由《じゆう》に経済活動《けいざいかつどう》を行《おこな》える。

日本《にほん》、アメリカなど。

アメリカは独立性《どくりつせい》の高《たか》い州《しゅう》が50集《あつ》まって、アメリカ合衆国《がつしゅうこく》という国《くに》となっています。アメリカ合衆国《がつしゅうこく》の政治《せいじ》の頂点《ちょうてん》に立《た》つのがアメリカ合衆国大統領《がつしゅうこくだいとうりょう》です。

ちょっとアメリカの制度《せいど》を見《み》てみよう

〈アメリカの三権《さんけん》〉

大統領《だいとうりょう》〈行政《ぎょうせい》〉
- 行政《ぎょうせい》の最高責任者《さいこうせきにんしゃ》
- 外交《がいこう》の最高責任者《さいこうせきにんしゃ》
- 国家《こっか》の元首《げんしゅ》
- 軍《ぐん》の最高司令官《さいこうしれいかん》

連邦議会《れんぽうぎかい》〈立法《りっぽう》〉
上院《じょういん》と下院《かいん》の二院制《にいんせい》

連邦裁判所《れんぽうさいばんしょ》
〈司法《しほう》〉

アメリカの政治《せいじ》は、共和党《きょうわとう》と民主党《みんしゅとう》という、ふたつの大《おお》きな政党《せいとう》のどちらかが政権《せいけん》をとる、「二大政党制《にだいせいとうせい》」です。イギリスやドイツなども二大政党制《にだいせいとうせい》です。

これがアメリカ大統領官邸《だいとうりょうかんてい》通称《つうしょう》ホワイトハウスだ

●大統領選《だいとうりょうせん》のしくみ●

①共和党《きょうわとう》、民主党《みんしゅとう》がひとりずつ大統領候補《だいとうりょうこうほ》を出《だ》し、国民投票《こくみんとうひょう》を行《おこな》う。

②州《しゅう》ごとに開票《かいひょう》。各州《かくしゅう》で勝者《しょうしゃ》の政党《せいとう》を、その州《しゅう》が支持《しじ》することになる。

③州《しゅう》で勝利《しょうり》を得《え》た政党《せいとう》は、その州《しゅう》で※定《さだ》められている数《かず》の推薦人《すいせんにん》を出《だ》す。

④各州《かくしゅう》で選《えら》ばれた推薦人《すいせんにん》が、さらに投票《とうひょう》し、大統領《だいとうりょう》が決《き》まる。

方法《ほうほう》は複雑《ふくざつ》でも国民《こくみん》が大統領《だいとうりょう》を選《えら》べるんだ日本《にほん》とはちがうね！

※州《しゅう》ごとの推薦人《すいせんにん》の数《かず》は、人口比《じんこうひ》で決《き》められ、カリフォルニア州《しゅう》では54人《にん》、人口《じんこう》の少《すく》ない州《しゅう》は数人《すうにん》。人口《じんこう》の多《おお》い州《しゅう》で支持《しじ》を得《え》た候補者《こうほしゃ》が有利《ゆうり》になる。

これが社会主義《しゃかいしゅぎ》のしくみだ
社会主義《しゃかいしゅぎ》のしくみ
国民《こくみん》
労働《ろうどう》する
会社《かいしゃ》工場《こうじょう》など
利益《りえき》は国《くに》のものに
国《くに》
給料《きゅうりょう》として利益《りえき》を平等《びょうどう》に配分《はいぶん》
労働《ろうどう》の結果《けっか》得《え》た利益《りえき》は国《くに》のもので、そこから給料《きゅうりょう》として平等《びょうどう》に配分《はいぶん》される。
社会主義《しゃかいしゅぎ》の理想《りそう》は、貧富《ひんぷ》の差《さ》のない平等《びょうどう》な社会《しゃかい》でしたが、まじめに働《はたら》いてもサボっても所得《しょとく》が同《おな》じだと、働《はたら》く気《き》がしない人《ひと》が出《で》たりうまくいかなくなりました。
社会主義《しゃかいしゅぎ》から資本主義《しほんしゅぎ》へ変《か》わる国《くに》もあり、制度《せいど》の改革《かいかく》も進《すす》んでいます。
資本主義《しほんしゅぎ》では、個人《こじん》が会社《かいしゃ》を作《つく》り、利益《りえき》を追求《ついきゅう》できます。努力次第《どりょくしだい》で所得《しょとく》は増《ふ》えますが、貧富《ひんぷ》の差《さ》は出《で》てしまいます。
すべて国《くに》が管理《かんり》しているんだね
世界《せかい》にはこういったちがうしくみの国《くに》があるんだな
他《ほか》にも宗教《しゅうきょう》や人種《じんしゅ》などのちがいはたくさんあるわ
そうですね
▶アメリカ同時多発《どうじたはつ》テロ(2001年《ねん》9月《がつ》11日《にち》)
だから世界《せかい》ではいまだに紛争《ふんそう》が絶《た》えず多《おお》くの人《ひと》が犠牲《ぎせい》になっているんですね

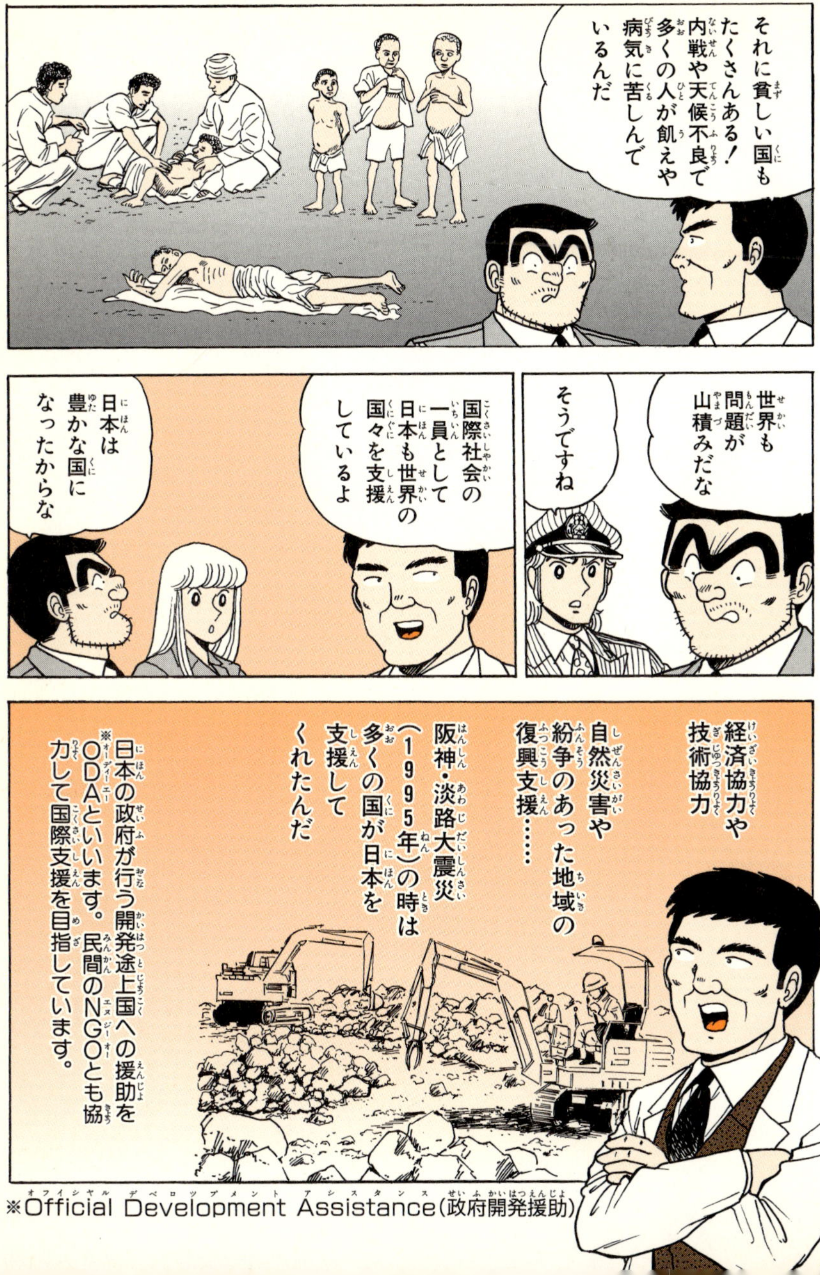
それに貧《まず》しい国《くに》もたくさんある! 内戦《ないせん》や天候不良《てんこうふりょう》で多《おお》くの人《ひと》が飢《う》えや病気《びょうき》に苦《くる》しんでいるんだ
世界《せかい》も問題《もんだい》が山積《やまづ》みだな
そうですね
国際社会《こくさいしゃかい》の一員《いちいん》として日本《にほん》も世界《せかい》の国々《くにぐに》を支援《しえん》しているよ
日本《にほん》は豊《ゆた》かな国《くに》になったからな
経済協力《けいざいきょうりょく》や技術協力《ぎじゅつきょうりょく》 自然災害《しぜんさいがい》や紛争《ふんそう》のあった地域《ちいき》の復興支援《ふっこうしえん》…… 阪神《はんしん》・淡路大震災《あわじだいしんさい》(1995年《ねん》)の時《とき》は多《おお》くの国《くに》が日本《にほん》を支援《しえん》してくれたんだ
※日本《にほん》の政府《せいふ》が行《おこな》う開発途上国《かいはつとじょうこく》への援助《えんじょ》をODA《オーディーエー》といいます。民間《みんかん》のNGO《エヌジーオー》とも協力《きょうりょく》して国際支援《こくさいしえん》を目指《めざ》しています。

※Official《オフィシャル》 Development《デベロップメント》 Assistance《アシスタンス》(政府開発援助《せいふかいはつえんじょ》)

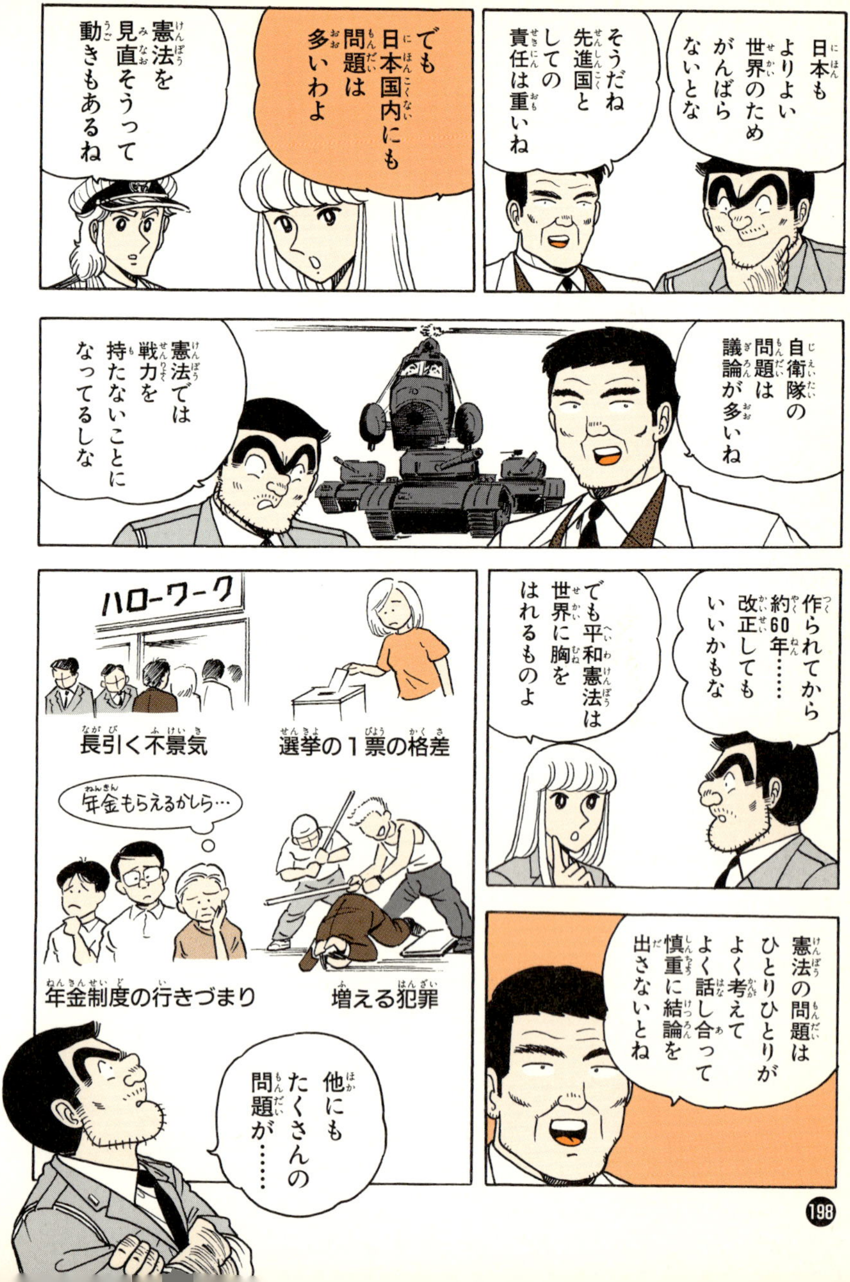

日本《にほん》もよりよい世界《せかい》のためがんばらないとな
そうだね先進国《せんしんこく》としての責任《せきにん》は重《おも》いね
でも日本国内《にほんこくない》にも問題《もんだい》は多《おお》いわよ
憲法《けんぽう》を見直《みなお》そうって動《うご》きもあるね
自衛隊《じえいたい》の問題《もんだい》は議論《ぎろん》が多《おお》いね
憲法《けんぽう》では戦力《せんりょく》を持《も》たないことになってるしな
作《つく》られてから約《やく》60年《ねん》……改正《かいせい》してもいいかもな
でも平和憲法《へいわけんぽう》は世界《せかい》に胸《むね》をはれるものよ
ハローワーク
長引《ながび》く不景気《ふけいき》
選挙《せんきょ》の１票《ぴょう》の格差《かくさ》
年金《ねんきん》もらえるかしら…
年金制度《ねんきんせいど》の行《い》きづまり
増《ふ》える犯罪《はんざい》
憲法《けんぽう》の問題《もんだい》はひとりひとりがよく考《かんが》えてよく話《はな》し合《あ》って慎重《しんちょう》に結論《けつろん》を出《だ》さないとね
他《ほか》にもたくさんの問題《もんだい》が……

選挙《せんきょ》での投票率《とうひょうりつ》の低《ひく》さも問題《もんだい》だね
政治《せいじ》への関心《かんしん》がうすくなっているのね
たしかにめんどうだしどうせ1票《ぴょう》くらい…って考《かんが》えちゃうんだろうな
でも民主政治《みんしゅせいじ》はみんなが政治《せいじ》に参加《さんか》できるんだ
選挙《せんきょ》に参加《さんか》することで意思《いし》を表《あらわ》せることも覚《おぼ》えておこう
みんなの関心《かんしん》が日本《にほん》をよくすることそして世界《せかい》をよくすることへとつながるんだ
そうだなみんなが関心《かんしん》を持《も》てば政治《せいじ》が正《ただ》しく行《おこな》われるよう導《みちび》けるんだ
みんなの声《こえ》を反映《はんえい》できる政治《せいじ》が理想《りそう》ですから
これからの日本《にほん》の未来《みらい》は君《きみ》たちの力《ちから》にかかっているんだよ
よしみんなでもっと住《す》みよい社会《しゃかい》を作《つく》ろうぜ！

索引《さくいん》

あ行《ぎょう》

安全保障理事会《あんぜんほしょうりじかい》(国連《こくれん》) 190・192
委員会《いいんかい》(国会《こっかい》) 60・62・69
違憲立法《いけんりっぽう》(の)審査《しんさ》 37・43・109・128
1票《ぴょう》の格差《かくさ》 64・198
医療保険《いりょうほけん》 6・98
温暖化《おんだんか》 185

か行《ぎょう》

外交官《がいこうかん》 104
解散総選挙《かいさんそうせんきょ》 86
外務省《がいむしょう》 79・82・93・95・104
閣議《かくぎ》 92・101
家庭裁判所《かていさいばんしょ》 109・125
簡易裁判所《かんいさいばんしょ》 109・125
環境省《かんきょうしょう》 79・82・93・96
間接税《かんせつぜい》 11・96
議員会館《ぎいんかいかん》 72
議院内閣制《ぎいんないかくせい》 78・93
議決《ぎけつ》 61・74
議決機関《ぎけつきかん》(地方自治《ちほうじち》) 151・153
気象庁《きしょうちょう》 79・97・103
起訴《きそ》 108・114・126
基本的人権《きほんてきじんけん》の尊重《そんちょう》 9・10・19・24・31・34
義務《ぎむ》(国民《こくみん》の義務《ぎむ》) 34
行政《ぎょうせい》 8・37・78・92・108
行政改革《ぎょうせいかいかく》 99
行政裁判《ぎょうせいさいばん》 126
供託金《きょうたくきん》 53
金融庁《きんゆうちょう》 94
宮内庁《くないちょう》 94
経済産業省《けいざいさんぎょうしょう》 78・82・93・97
警察《けいさつ》 139・154・155
警察庁《けいさつちょう》 94・155
警察本部《けいさつほんぶ》 155・156
刑事裁判《けいじさいばん》 114・126
警視庁《けいしちょう》 147・155

検察官《けんさつかん》 108・114・126
検察庁《けんさつちょう》 79・95
憲法《けんぽう》 9・18・19・24・25・26・30
憲法改正《けんぽうかいせい》 36・39・61
合議体《ごうぎたい》 133
公共事業《こうきょうじぎょう》 104
公衆衛生《こうしゅうえいせい》 6・98
公正取引委員会《こうせいとりひきいいんかい》 79
厚生労働省《こうせいろうどうしょう》 79・82・93・96
控訴《こうそ》 117・127
公聴会《こうちょうかい》 62
公的扶助《こうてきふじょ》 6・98
高等裁判所《こうとうさいばんしょ》 109・125・130・133
公務員《こうむいん》 91・99・140
公約《こうやく》 51・62
御休所《ごきゅうしょ》 67
国債《こくさい》 99・105
国際司法裁判所《こくさいしほうさいばんしょ》 191
国際連合《こくさいれんごう》(国連《こくれん》UN《ユーエヌ》) 179・180・190・192
国際連盟《こくさいれんめい》 191
国際労働機関《こくさいろうどうきかん》(ILO《アイエルオー》) 192
国事行為《こくじこうい》 31・79
国税庁《こくぜいちょう》 79・95
国土交通省《こくどこうつうしょう》 78・82・93・97
国民主権《こくみんしゅけん》 9・18・24・30・31・32
国民審査《こくみんしんさ》 128
国務大臣《こくむだいじん》 8・78・81・92・93・94
国立国会図書館《こくりつこっかいとしょかん》 73
国連教育科学文化機関《こくれんきょういくかがくぶんかきかん》(UNESCO《ユネスコ》) 192
国連児童基金《こくれんじどうききん》(UNICEF《ユニセフ》) 192
国連総会《こくれんそうかい》 191・192
国連大学《こくれんだいがく》(UNU《ユーエヌユー》) 192
国会《こっかい》 8・32・37・42・51・58・60・78・109
国会議員《こっかいぎいん》 8・47・51・58・60・62・64
国会議事堂《こっかいぎじどう》 59・66
国家公安委員会《こっかこうあんいいんかい》 79・93・94
国境《こっきょう》なき医師団《いしだん》(MSF《エムエスエフ》) 193
雇用保険《こようほけん》 6・98

さ行《ぎょう》

最高裁判所《さいこうさいばんしょ》 109・124・125・127・128・130
裁判《さいばん》 37・108・114・124・126・131
裁判員制度《さいばんいんせいど》 129
裁判官《さいばんかん》 108・114・127・128・129・132
裁判所《さいばんしょ》 9・37・43・79・108・129・130
財務省《ざいむしょう》 79・82・93・95
参議院《さんぎいん》 36・43・51・58・60・67
三権分立《さんけんぶんりつ》 36
三審制《さんしんせい》 108・124・134
自衛隊《じえいたい》 33・94・193
資源《しげん》エネルギー庁《ちょう》 97
市町村《しちょうそん》 139・151・152

市町村長《しちょうそんちょう》 8・51・151
執行機関《しっこうきかん》(地方自治《ちほうじち》) 151・153
司法《しほう》 9・37・108・109・124・135
資本主義《しほんしゅぎ》 194・196
社会主義《しゃかいしゅぎ》 194・196
社会福祉《しゃかいふくし》 6・98
社会保険《しゃかいほけん》 6・98
社会保険庁《しゃかいほけんちょう》 96
社会保障《しゃかいほしょう》 6・75・96・98
衆議院《しゅうぎいん》 36・43・51・59・60
衆議院《しゅうぎいん》の解散《かいさん》 37・43・78
首相《しゅしょう》 100
首相官邸《しゅしょうかんてい》 89・100
首相公邸《しゅしょうこうてい》 100
首長《しゅちょう》 151・153
守秘義務《しゅひぎむ》 129
上告《じょうこく》 117・127
上訴《じょうそ》 117
消費税《しょうひぜい》 11・97
消防《しょうぼう》 140・154・162・165
消防庁《しょうぼうちょう》 79・94・162
条約《じょうやく》 61・104
条例《じょうれい》 150・152
水道局《すいどうきょく》 158
税金《ぜいきん》 6・9・11・96
清掃局《せいそうきょく》 160
政党《せいとう》 52・63
政府《せいふ》 79
政令《せいれい》 79
世界自然保護基金《せかいしぜんほごききん》(WWF《ダブリューダブリューエフ》) 193
世界保健機関《せかいほけんきかん》(WHO《ダブリューエイチオー》) 192
選挙《せんきょ》 8・11・32・37・42・49・51・52・63・64
選挙区制《せんきょくせい》 64
選挙権《せんきょけん》 51・58・65
総務省《そうむしょう》 79・82・93・94

た行《ぎょう》

代議士《だいぎし》 74
第《だい》9条《じょう》(憲法《けんぽう》) 32・39
大統領《だいとうりょう》 195
大日本帝国憲法《だいにっぽんていこくけんぽう》 31
逮捕《たいほ》 108・114・126・129
弾劾裁判《だんがいさいばん》 61・109・128
単独体《たんどくたい》 133
地方議会《ちほうぎかい》 8・151・152・153
地方行政委員会《ちほうぎょうせいいいんかい》 152
地方裁判所《ちほうさいばんしょ》 109・125・127・130
地方自治《ちほうじち》 139・150
地方自治体《ちほうじちたい》 139・150・151・154
地方《ちほう》の政治《せいじ》 8・37
直接税《ちょくせつぜい》 96
直接請求《ちょくせつせいきゅう》(地方自治《ちほうじち》) 153

通常国会《つうじょうこっかい》 61
テロ 181・196
天皇《てんのう》 31・67・79
特別国会《とくべつこっかい》 61
特許庁《とっきょちょう》 97
都道府県《とどうふけん》 139・151
都道府県知事《とどうふけんちじ》 8・51・151

な行《ぎょう》

内閣《ないかく》 8・37・42・78・81・82・92・108
内閣官房《ないかくかんぼう》 79・82
内閣総辞職《ないかくそうじしょく》 37・43・59・86
内閣総理大臣《ないかくそうりだいじん》 61・78・81・92・100・102
内閣府《ないかくふ》 79・82・93・94
内閣不信任《ないかくふしんにん》 61・86
二院制《にいんせい》 58・74
日本銀行《にほんぎんこう》 98
日本国憲法《にほんこくけんぽう》 9・18・24・30・31・36・39・108・128
年金保険《ねんきんほけん》 6・99
農林水産省《のうりんすいさんしょう》 78・82・93・96

は行《ぎょう》

非核三原則《ひかくさんげんそく》 38
被選挙権《ひせんきょけん》 51・58
比例代表制《ひれいだいひょうせい》 65
普通選挙《ふつうせんきょ》 52・65
文化庁《ぶんかちょう》 95
平和主義《へいわしゅぎ》 9・19・24・31・32
弁護士《べんごし》 108・113・114・126
防衛庁《ぼうえいちょう》 79・93・94
法務省《ほうむしょう》 79・82・93・95
法律《ほうりつ》 37・58・60・79・119・124
法律案《ほうりつあん》 60・93
本会議《ほんかいぎ》 60・62

ま行《ぎょう》

マニフェスト 63
民事裁判《みんじさいばん》 126・132
民主主義《みんしゅしゅぎ》 8・18・32・84・152
文部科学省《もんぶかがくしょう》 79・82・93・95

や行《ぎょう》

野党《やとう》 52・83
予算《よさん》（国《くに》の予算《よさん》） 59・61・75
予算案《よさんあん》 79・93
与党《よとう》 52
世論《よろん》 84

ら行《ぎょう》

立法《りっぽう》 8・37・42・58・109
臨時国会《りんじこっかい》 61
労働者災害補償保険《ろうどうしゃさいがいほしょうほけん》 99

アルファベット

NGO《エヌジーオー》 193
ODA《オーディーエー》 197
PKO《ピーケーオー》 33・193

満点《まんてん》ホームページ図書館《としょかん》

憲法《けんぽう》を読《よ》もう!

http://kenpou.jp/

日本国憲法《にほんこくけんぽう》の全文《ぜんぶん》を掲載《けいさい》しているページ。
解釈《かいしゃく》や解説《かいせつ》はついていないから、よく読《よ》んで、
自分《じぶん》なりに憲法《けんぽう》を解釈《かいしゃく》してみよう。

参議院《さんぎいん》キッズページ

http://www.sangiin.go.jp/japanese/kids/watakusi/index.htm

参議院《さんぎいん》が設置《せっち》しているページ。
国会《こっかい》の仕事《しごと》や国会議事堂《こっかいぎじどう》について写真《しゃしん》とイラストで解説《かいせつ》されているよ。
クイズにもチャレンジしてみよう。

日弁連《にちべんれん》子《こ》どもページ

http://www.nichibenren.or.jp/jp/kids/

日本弁護士連合会《にほんべんごしれんごうかい》(日弁連《にちべんれん》)が設置《せっち》しているページ。
社会《しゃかい》のルールや裁判《さいばん》のことや弁護士《べんごし》の仕事《しごと》の解説《かいせつ》が
漫画風《まんがふう》でとてもわかりやすい!

首相官邸《しゅしょうかんてい》キッズルーム

http://www.kantei.go.jp/jp/kids/index.html

内閣《ないかく》のこと、三権分立《さんけんぶんりつ》のことなど政治《せいじ》のしくみが
イラストを使《つか》ってわかりやすく解説《かいせつ》してあるページ。
総理大臣《そうりだいじん》や内閣《ないかく》の仕事《しごと》もわかるよ。

青少年《せいしょうねん》のためのホームページ

http://www8.cao.go.jp/youth2/

内閣府《ないかくふ》が設置《せっち》しているページ。
子《こ》どもが参加《さんか》できる国際交流《こくさいこうりゅう》や、困《こま》った時《とき》の相談窓口《そうだんまどぐち》の情報《じょうほう》が
住《す》んでいる地域《ちいき》で探《さが》せるようになっている。

さまざまな情報《じょうほう》を得《え》ることができるインターネット。
国《くに》のしくみに関《かん》するホームページを集《あつ》めてみました。
情報《じょうほう》が満載《まんさい》のホームページに さあ、レッツ クリック！

全国知事会《ぜんこくちじかい》ホームページ

http://www.nga.gr.jp/

日本《にほん》の都道府県《とどうふけん》の情報満載《じょうほうまんさい》のページ。
各都道府県《かくとどうふけん》のシンボルマークや県《けん》の花《はな》、鳥《とり》、木《き》などがわかるほか、
面積《めんせき》や人口《じんこう》などのデータもわかるよ。

警察庁《けいさつちょう》ホームページ

http://www.npa.go.jp/

警察《けいさつ》のしくみや犯罪《はんざい》の予防対策《よぼうたいさく》などがわかるページ。
現行警察法施行《げんこうけいさつほうしこう》50周年《しゅうねん》のページでは、
警察《けいさつ》の歴史《れきし》や警察《けいさつ》の一日《いちにち》が紹介《しょうかい》されている。

消防庁《しょうぼうちょう》ホームページ

http://www.fdma.go.jp/

消防庁《しょうぼうちょう》の紹介《しょうかい》や、119番《ばん》のかけ方《かた》や
消火器《しょうかき》の使《つか》い方《かた》が説明《せつめい》されている。
消防車《しょうぼうしゃ》や救急車《きゅうきゅうしゃ》、ヘリコプターの種類《しゅるい》や機能《きのう》の紹介《しょうかい》もあるよ。

子《こ》どもの広場《ひろば》

http://www.unicef.or.jp/kodomo/index.htm

日本《にほん》ユニセフ協会《きょうかい》が設置《せっち》しているページ。
ユニセフの説明《せつめい》や世界各地《せかいかくち》の子《こ》どもの状況《じょうきょう》、Q&A《キューアンドエー》も充実《じゅうじつ》。
クイズもあるから挑戦《ちょうせん》しよう。

満点《まんてん》ゲットホームページ

http://kids.shueisha.co.jp/manten/

まる子《こ》やこち亀《かめ》の両《りょう》さん、アラレちゃんやキャプテン翼《つばさ》まで、
満点《まんてん》ゲットシリーズの本《ほん》の情報《じょうほう》が一目瞭然《いちもくりょうぜん》。
編集部《へんしゅうぶ》からのお便《たよ》りコーナーも。

※このデータは2004年《ねん》8月現在《がつげんざい》のものです。また、表記《ひょうき》や内容《ないよう》については、それぞれのホームページごとに若干異《じゃっかんこと》なる場合《ばあい》があります。なお、ホームページは予告《よこく》なく変更《へんこう》、閉鎖《へいさ》される場合《ばあい》がありますので、あらかじめご了承《りょうしょう》ください。